初対面でも話がはずむ

おもしろい伝え方の公式

放送作家　石田章洋

日本能率協会マネジメントセンター

はじめに

スべりまくった落語家時代に学んだこと

＊会話が続かない
＊一生懸命話していても盛り上がらない
＊とっさになにかを言われても気の利いた返しができない
＊初対面の人とはなにを話していいのかわからない
＊プレゼンやスピーチで、聞いている人の心をつかめない

もし、あなたがそのように思っているのだとしたら、ぜひこの本を読んでみてください。

人見知りで笑いのセンスなし、口ベタ、話ベタの、いわゆる「コミュ障」だった私が、30年間近く放送作家を続けてこられた理由が、すべて詰まった1冊です。

私の職業は、テレビ番組の構成や台本を考える放送作家ですが、かつては落語家を職業にしていました。六代目三遊亭円楽師匠（当時は三遊亭楽太郎）のもとに弟子入りしたのが今から35年前。

「お笑い」。中でも、落語という江戸時代から続く伝統的で粋な「笑い」に心を奪われ、当時通っていた大学を中退しての弟子入りでした。

「日本一おもしろい落語家になる！」

そう決意を固めて修業を始め、前座から二ツ目に昇進はしたものの、その数年の後に廃業。

その理由は至ってシンプルであり、かつ致命的なものでした。

私には笑いの才能がなかったのです。

それに気づいたのは、すぐ下の弟弟子が入門してしばらく経ってからのこと。演じているのは同じ噺なのに、私のほうが何倍も多くの時間をかけて稽古してきたはずなのに、彼はウケまくる。一方の私は、スベりまくって、自信を失う日々でした。

日本一の落語家どころか、弟弟子にも負けてしまう――。

その現実に直面し、落語家を辞めることを決意しました。

ちなみに、私の弟弟子というのは、後の伊集院光氏。

生まれもっての才能やセンスの違いを、まざまざと見せつけられて大きな挫折となりました。

✔ おもしろさにはルールがある！

落語家の次に選んだ職業は、放送作家でした。

師匠から勧められたという理由もありますが、「文章を書く仕事ならば、おもしろいことを言う必要はないのではないか？」、そんな浅はかな考えを抱いていました。

ところが、こちらも私にとって極めて過酷な仕事でした。

バラエティ番組はもちろん、どんな番組であっても、つまらないことしか言えない放送作家は、評価されることはありません。

視聴者を笑顔にさせることに命をかける、「おもしろい人」たちがあふれ返っているのがテレビの世界ですから、当然のことです。

とはいえ、笑いのセンスがないことは痛いほどにわかっています。

そのままでいたら落語家に続き、放送作家としても早々にダメになってしまう、それは火を見るよりも明らかでした。

ですから、私は必死でお笑い芸人の方やコメントが当意即妙で気の利いている人の話し方を研究するようになりました。

「どうして、この人の話はおもしろいのだろう」、「なぜ、あの人の話はウケるのだろう」と考え続け、身の周りにいる「なぜか話がおもしろい人」の話し方も、注意深く観察してきました。また、古今東西の「笑い」について書かれた本を読み漁りました。

その結果気がついたのが、**「誰でもおもしろい話ができる伝え方の公式」**が存在するということです。

その公式はきわめてシンプル、それでいてとても奥深いもの。

その原理を理解して、応用を始めてからというもの、これまでのスベりまくりがまるで嘘のように、「おもしろい」ことを考え、「おもしろい」ことを言えるようになったのです。

✔ユーモアは最強の武器である

この本は、ユーモアのある伝え方を身につけるための本です。

「ユーモア」。

この言葉には、さまざまな意味があるようですが、本書では、「日常会話や雑談で人を笑顔にするもの」と定義しています。

ですから、同じ笑いでも人を小馬鹿にする「嘲笑」や「冷笑」、あるいは皮肉な笑いは含みません。また、なにも芸人のように身体を張って笑わせることではありません。

言葉を使って、人を笑顔にすることです。

ユーモアを身につけている人といない人では、長い人生に大きな差が生まれてくるはずです。

なぜなら、**ユーモアはコミュニケーションにおける最強の武器**だからです。

そもそも人が笑顔をつくるのは、まだサルに近かった時代、相手に敵意がないことを示すため、口角を上げて歯を見せたことが始まりでした。

そして、時は流れて21世紀の現在、今はまさに「コミュニケーション力がものをいう時代」。

そしてそんな時代において、ビジネスでもプライベートでも最大の武器となるのが「ユーモア力」なのです。

ユーモアを身につければ、確実に人に好かれるようになります。性別を問わずモテるようなり、出会いのチャンスが広がります。

気軽に接しやすくなるため、使える情報やおトクな情報もたくさん入ってくるようになるでしょう。相手との信頼関係も深まりますので、些細なミスが許されるようになったりもします。

✔おもしろさに「センス」はいらない！

「ユーモアが武器になる」と言っても、「自分にはそういうセンス＝才能がないから」と、最初からあきらめてしまう人も中にはいます。

たしかに明石家さんまさんや、ダウンタウンの松本人志さんのようなプロの「笑い」は天性の才能によるところが大きいのでしょう。

また、とっさにネタを振られてすぐさまおもしろいリアクションを返すような反射神経は、もって生まれたセンスに加え、プロとしての長年の経験によって磨かれたものかもしれません。

しかし、この本でいう「ユーモア」に、プロの芸人のようなセンスは不要です。

なぜなら、シンプルな公式を理解して、それを応用すれば、**誰でも「おもしろ**

い伝え方」はマスターできるのですから。

かつての私を含め、世の中の多くの人が、ほんのちょっと工夫すればおもしろくなるはずの話をつまらなくしています。これは極めて残念なこと。

ですから、この本では「話をおもしろくするための公式」と、その使い方を明らかにしていきます。

ユーモアとはセンスではなく学べるもの、それを理解しただけで、あなたはすでに半分ユーモアをマスターしたようなものです。

さあ、あなたもそのコツを身につけて、人生をより豊かなものにしましょう。

2016年12月　石田　章洋

初対面でも話がはずむおもしろい伝え方の公式

もくじ

第2章

おもしろい伝え方の公式①
おもしろい人は「空気」を読む

第3章 おもしろい伝え方の公式② 今日から使えるたったひとつの〝笑いの原理〟

第4章　おもしろい伝え方の公式③
今より2倍おもしろくなる「伝える技術」

第5章
シチュエーション別 おもしろい伝え方

第6章 今よりもっとおもしろくなる！おもしろい人の習慣

第1章

なぜ、あなたの話は「おもしろくない」のか？

やってはいけない！〝おもしろくない話〟の共通点

どうすれば、おもしろい話ができるようになるか？

その秘密の公式を明らかにしていく前に、まずは話をつまらなくしている原因を分析していきましょう。

「おもしろくない話」をしてしまう人の多くは、ここで紹介するタブーを知らず知らずのうちに犯してしまっています。

そのせいで、おもしろくなるはずの話題を、台無しにしているのです。

これから挙げる６つに気をつけるだけで、少なくともマイナスの状態からスタートすることは避けられるはずですよ。

01

ＮＧ例１ ハイ・テンションで自分も周りも疲れてしまう！

✔ムリして空回りしていませんか?

みなさんの周りに、こういう人はいませんか?

・やたらとハイ・テンションで話してくるけれど、話に中身がない
・たたみかけるように話されて、聞いていると疲れだけが残る

これは、「おもしろくない」伝え方の特徴のひとつ。

「おもしろい話」と聞くと、元気いっぱい、明るく、ハイ・テンションな人の話を想像してしまいがちですが、私たちが目指すのは、そうした人と真逆のポジションです。

おもしろい伝え方をするために、ムリにテンションを上げて話す必要はありませんし、むしろ普段はロー・テンションで構いません。


滅多に出られないテレビに張り切る、無名の若手芸人がそうですが、そもそもハ

イ・テンションな人は、空回りしがちです。

それに、ビジネスシーンなどの日常でハイ・テンションでいると、やたら調子がいいだけの未熟で軽薄な人物と思われかねません。

こういうタイプの人は、せっかくおもしろくなる話をムリしたハイ・テンションのせいで台無しにしています。

勢いはあっても中身のない、おもしろそうに見えてつまらない伝え方なのです。

✔内向的、口ベタな人ほど素質がある

四六時中おもしろい話をする必要はありません。

目指すのは、普段は自然体でいながら「ここぞ」という時にサラッと話すひと言で、人を笑顔にすることです。

たとえるならば、ボクシング。

手数を少なくして、相手が繰り出してくるパンチをかわしながら、「ここだ！」と

いった時に、一撃必殺のカウンターパンチを放つ、そんなイメージです。

極めて少ない言葉数で、おいしいところをもっていくのが理想です。

じつはそもそも、陽気なお調子者よりも、「自分は内向的だ」、「暗いと思われている」、「口ベタだ」などと思い込んでいる人のほうが、おもしろい話をするための資質に恵まれているのです。

そうした人は少しおもしろい話をしただけでも、キャラクターとのギャップで人を笑顔にしやすいからです。

「自分にはコミュニケーション能力がない」と自信をなくしている人にもピッタリの伝え方のコツを、次の章以降で解き明かしていきますので楽しみにしていてください。

POINT

「ここぞ」という時に、サラッと話すひと言で笑いをとれ!

02

NG例２ ひとつの話がダラダラと長い！

✔ 校長先生の朝礼がおもしろくない理由

本人はいかにもおもしろそうに、一方的に話し続けているものの、聞いているほうはうんざりしている――そういう場面をよく見かけます。

厄介なことに、そういう人に限って、こちらがうんざりしていることになかなか気づいてくれません。

たとえるならば、校長先生の朝礼での話。5分、10分とオチのないおもしろくもない話を聞かされ、次第に身体に乳酸がたまってくるかのような疲労感を覚えた経験をしたことのある方は多いはずです。

「おもしろい話」をしたいなら、ひとりで話し続けるのはタブー。

むしろ相手に積極的に話をさせるのです。

そもそも一方的に話し続けてしまうのは、人は本能的に話を聞いてもらうことが大好きだから。それを逆手にとって、会話の8割は相手にしゃべらせればいいのです。

よく言われることですが、**聞き上手はコミュニケーション上手**なのです。
それは、おもしろい話をする時にも言えることです。

✔もっとも伝えたいことをワンセンテンスで話す

たとえば次に紹介するような話は、長くて聞いていられません。

「昨日友だちの×美に誘われて、ベリーダンスのレッスンに行ったの。ダイエットにいいって言うから。渋谷の雑居ビルの５階にスクールがあるんだけどね。入ったら先生がフランス人で結構グラマーなのよ。ルイーズっていう名前なんだけど、その先生が言うにはベリーダンスはフランス語で腹踊りなんだって。それでレッスンが始まったら……」

昨日のベリーダンス体験を１から10まで話そうとするとこうなってしまいます。
これは優先順位をつけずに話している証拠。

スクールの場所や先生の名前といった情報は、優先順位が低いはず。そうした情報はあとで話せばいいのです。

なにを一番言いたいのか、優先順位をつけましょう。

そして、ワンセンテンスにひとつだけ、言いたいことを短く伝える習慣をつけましょう。

先の例なら……

「昨日はじめてベリーダンスをやったんだけど、あれって要するに腹踊りなのよ」

一度の話はこれくらいで止めておいて、相手のリアクションを待ちましょう。

会話のキャッチボールに持ち込み、相手にも話をさせるのです。

FCバルセロナの華麗なチームプレーのポイントは、コンパクトなパスワークにあります。ボールをキープする力よりもパスの技術が世界最強レベルのチームをつくっているのです。

会話もそれと同じ。ひとりで話をキープしていないで相手にパスを渡し続けましょう。

なにより、**言葉は意味を凝縮したうえで、短くすればするほど強くなります**。パワーをもつのです。

おもしろい伝え方をしたいなら、言いたいことをひとつに絞って、短い言葉で伝えるよう心がけましょう。

POINT

言いたいことをひとつに絞って、できるだけ短く話す！

03

ＮＧ例３ ウケを狙いすぎて外してしまう！

✔絶対にスベらない、たったひとつの方法

「スベる」。

芸人にとってこれほど恐ろしいことはありません。

もちろん私たちは、プロの芸人ではありません。

それでもスベるのはやはり気まずいものです。

空気を読まないギャグを言ってスベったあとに、「うわっ、スベったー！」などと自らフォローする人もいますが、それは逆効果。「スベったうえにウザい奴」と思われます。よほど心が強くないとそんな冷たい周囲の目には耐えられないでしょう。

でも、安心してください。

この本をお読みいただいたあなたは、決してスベることはありません。

この本で紹介する伝え方の公式では、ウケを狙おうとはしないからです。

そもそも、「スベる」のは、笑わせてやろうと考える下心から、ウケを狙いにいき、外してしまうから。

あからさまにウケを狙って、ウソっぽいつくり話をしてみたり、芸人のフレーズをマネてみたりするなんてもってのほか。

スベりたくなければ、ウケを狙わなければいいのです。

✔ハードルは、下げて下げて下げまくれ

ウケを狙おうとする下心は、聞き手に伝わるものです。

下心が伝わると、期待値が上がり、そのせいで、おもしろくなるはずの話もつまらなくなってしまうのです。

そう考えると、話を切り出す時に、「この前、すっごくおもしろいことがあってさ」などと、いきなり聞き手の期待値を上げるのは避けたほうがいいのは当然のこと。話そうとしていることがほんとうに爆笑を誘うものであればいいのですが、少々おもし

ろいエピソードを話すだけでは、すでに期待値が上がった相手はがっかりするだけです。

また、笑いながら話すのもＮＧ。これも、聞き手は冷めてしまいます。話が盛り上がったあとでなら、笑いながら話してもいいのですが、最初はマジメな表情で切り出しましょう。

マジメな表情なら、ウケを狙っているとは思われません。

それに、マジメな顔でおもしろいことを話すというギャップが笑いを生むのです。

あたかも自然体で発したかのようなひと言で人を笑顔にする。私たちが目指すのは、そんな笑いです。

POINT

ウケようとする下心、ムダに上げたハードルが話をつまらなくする！

04

NG例4 ウケたいがあまりデリカシーに欠ける

✔だれかを傷つける笑いはＮＧ

私たちが目指すのは、あくまで周囲を笑顔にして楽しい気分にさせるため、あるいは落ち込んでいるだれかを勇気づけたり、場の暗い雰囲気を明るく変えたりするための笑いです。

ですから、だれかを傷つける皮肉や、シニカルなジョーク、嫌み混じりの冗談は慎むようにしましょう。

そうしたジョークは、一瞬の笑いを生むかもしれません。しかし、ネガティブなジョークを言う人は、器が小さく、底が浅く見られてしまいがちです。

もちろん芸人の中には、毒舌や〝キレキャラ〟で人気を呼んでいる人もいます。

しかし、それは「芸」。

毒舌を吐いても憎まれないキャラクターや話術を身につけたうえで、世間の声を代弁するかのような毒舌を吐くからウケているのです。

私たちがそれをマネすると、大ケガをすることがあるので気をつけましょう。

政治や宗教、病気といったセンシティブなテーマを笑いにもっていくことも避けてください。

「この話でだれか傷つく人はいないだろうか？」

ユーモアを言う前に、そう確認する習慣をもつことも大人のたしなみです。

✔下ネタ、ダジャレも取り扱い注意！

毒舌と同様に、慎みたいのが「下ネタ」。

気の置けない仲間同士で飲んでいる時などは、下ネタを話題に盛り上がることもあるでしょう。なにしろ〝性〟は、ある種のタブーであり、共通の話題にして笑い合うことで、開放感や連帯感を味わえるからです。

しかし、それほど親しくない異性が同席している場所では、避けたほうが賢明です。あなた自身の品性を傷つける可能性が極めて大きいからです。

その場では笑顔で聞いてくれているように見えても、心の底で生理的な嫌悪感を覚えている場合が多々あることを胸に刻んでおきましょう。

使い古されたようなダジャレも同じ。

なぜならダジャレは、おもしろくもないのに、聞かされた人に笑いを強要するような、ある種の強制性を秘めているからです。

特に部長・課長など、立場が上の人が突然発する「ダジャレ＝おやじギャグ」は聞かされた人がどうしたらいいのか、戸惑ってしまいます。

「相手や周囲を楽しくするのがユーモアである」という目標に立ち返れば、相手に心理的負担をかけてしまうダジャレがルール違反なのは当然と言えますね。

ただし、ダジャレには知られざる効果があります。

それは、相手の肩の力を抜いてリラックスさせること。

日常では脱力してしまうダジャレも、緊張した場面では、むしろそれがリラックスさせる役割を果たすのです。

そんなダジャレの脱力効果をうまく利用していたのが、なでしこジャパンを率いていた元サッカー日本女子代表監督、佐々木則夫氏でした。

佐々木氏はワールドカップでの試合のハーフタイムでも、おやじギャグをとばしていました。それが選手の力んだ身体と心をリラックスさせていたそうです。

おもしろいことを言おうと、ムリしてダジャレを連発する人もいますが、使用上の注意をよく考え、用法・用量を守って正しく使いましょう。

POINT

「毒舌・下ネタ・ダジャレ」を安易に使うと大ケガをする!

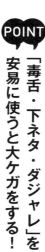

05

ＮＧ例５
「自分をかっこよく見せたい」
と考えている

✔「ちっぽけなプライド」が話をつまらなくする

からかわれたり、いじられたりすると、カッとなったり、ムキになって反論する人を見たことがありませんか？

一方で、悪口のようなブラックジョークにも、ネガティブな反応をすることなくユーモアあふれる言葉を笑顔で返すことができる人もいます。

両者の違いはどこにあるのでしょう？

おそらく前者は、プライドが高い人なのでしょう。もしくは、自分に自信がもてなくて、心に余裕がないのかもしれません。

話をおもしろくしたいと考える人にとって最大の敵となるのは、**「ちっぽけなプライド」**です。

ひとくちにプライドといっても、もつべきプライドと捨てるべき「ちっぽけなプライド」の2種類があります。

信念や誇りといったポジティブなプライドはもち続けるべきですが、自分を大きく見せたいといった「見栄」や「強がり」、「傲慢さ」からくる「ちっぽけなプライド」は、今すぐ捨てるべきです。

かつての私自身がそうでしたが、この「ちっぽけなプライド」は、自分に対する信頼感のなさの裏返しである場合が多々あります。

自分にコンプレックスがあるからこそ、「ちっぽけなプライド」という鎧を身に着けて、自分を守ろうとしているわけですね。だからちょっとしたからかいやいじりにも過剰反応してしまうのです。

ちっぽけなプライドにこだわる人は、自慢話や言い訳が多かったり、なにかアドバイスを受けても「いや」、「でも」と言葉を返したりするため、周囲から近寄りたくない面倒な人と思われてしまいます。

✔「ちっぽけなプライド」を捨てるには？

「ちっぽけなプライド」を捨てるだけでコミュニケーションは驚くほど改善します。

では、どうすればちっぽけなプライドを捨てることができるのでしょうか？

その方法のひとつが、**失敗談や自虐ネタを積極的に話す**こと。

「そんなのかっこ悪い」と思っているうちは、まだまだちっぽけなプライドにとらわれている証拠です。

自分が他人からどう見られているかなど、気にしてもしょうがありません。あなた自身が思っているほど、他人はあなたのことを気に留めてはいないのですから。

そう考えて心を開けば、からかわれたり、いじられたりしても、ネガティブな反応をすることがなく、ユーモアあふれる言葉を笑顔で返すことができるようになるはずですよ。

そのコツも、この本の後半で紹介していきますので、ぜひ使ってみてください。

POINT

「ちっぽけなプライド」を捨てるだけでいまより絶対におもしろくなる！

06

NG例６「おもしろい話＝笑わせること」だと考えている

✔おもしろおかしい話だけが、ユーモアではない

「おもしろい話」と聞くと、つい「おもしろおかしい笑える話」をイメージしてしまいがちです。

しかし聞く人にとっての「話のおもしろさ」の判定基準は、「笑えるかどうか」だけではありません。

結末が気になる話や、思わず感動してしまう話、知的好奇心をくすぐられる話や、身の安全に関わる話、「こうすれば稼げる」といった儲け話にも、人は興味を示します。

テレビ番組でもそうです。

バラエティ番組だけが視聴者にとって「おもしろい」わけではありませんよね。

古代文明のミステリーに迫る番組も「おもしろい」ですし、権力闘争をくり返す首長と議会を報じる報道番組だって「おもしろい」。人によっては人間の性《さが》を感じさせ

る芸能人のスキャンダルや、人間の業《ごう》や心の闇を感じさせる事件や事故などを報じるワイドショー番組に興味をもつかもしれません。

この本で言う「おもしろさ」も、〝funny（おもしろくて笑える）〟や〝hilarious（超ウケる）〟といった滑稽さだけを示す言葉ではありません。

もっと広い意味、〝interesting（興味深い）〟、〝attract（惹かれる）〟などといった、幅広い意味での「おもしろい」を含むものであるとご理解ください。

単に笑える話よりも、もっと奥深い「おもしろさ」を目指していきましょう。

✔色々な「おもしろさ」をもとう

そもそもユーモアは、〝human（ヒューマン＝人間）〟が変化して〝humour（ユーモア）〟になったといいます。

だからこそユーモアには、単に「笑える」、「おかしい」といった、いわゆる滑稽さの要素だけではなく、人間の生活の中ににじみ出る矛盾やおかしさを、寛大な態度で笑い飛ばして、楽しむような側面もあるのです。

「おもしろい話」を「他人を笑わせる話」だと思い込んでいるとハードルが高くなってしまいます。

幅広い意味でのユーモアで人を笑顔にしましょう。

それが、あなた自身の人間の幅を広げ、周囲の人を惹きつける人間的な魅力につながるのです。

POINT

さまざまなタイプの「おもしろさ」を武器にしよう!

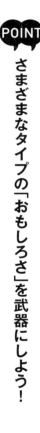

Column 1

ユーモアがある人はモテる！

女性にも男性にもモテる！

ずばり、ユーモアがある人はモテます。

異性からはもちろん、同性にもモテる、つまり多くの友人に恵まれるのです。

多くの部下を抱える上司であれば部下にモテる、つまり信頼されるようになります。

明治安田生命保険が毎年、新社会人を対象に調査している「理想の上司」アンケート。２０１６年は、理想の男性上司のベストテンの大半をお笑い界の大御所、明石家さんまさん、笑福亭鶴瓶さん、所ジョージさんといった人気タレントが占めています。

これはやはり、人々がユーモアのセンスをもつ「おもしろいリーダー」を求めている証でしょう。

若手社員であれば、上司や先輩社員からモテる、つまり可愛がられるようになるのです。

憎たらしい部下よりも可愛い部下を重用したいのは、世の習い。つまり出世のチャンスにも恵まれるでしょう。

理想の結婚相手は「おもしろい人」

「おもしろい人」はなにより異性にモテます。

イギリスのサイト「Telegraph」によると、アメリカの研究者が250人の学生を対象に行った調査では、男女ともに「長期的パートナーを選ぶ条件」の第1位に〝ユーモアセンスがあること〟が選ばれたそうです。

確かに長い人生を一緒に過ごすなら、いつも不機嫌で苦虫をかみつぶしたような顔をした相手よりユーモアで笑い合える伴侶のほうがいいですよね。

なぜ、おもしろい人はモテるのか？

ではなぜ、ユーモアのある人はモテるのでしょうか？

その理由は、ユーモアのある人に共通する、ある特徴にあるのかもしれません。

その特徴とは「相手の気持ちをよく理解でき、状況に合わせて柔軟に対応できること」です。

ユーモアのある人は、さまざまな状況に合わせて柔軟に対応できます。ですから、長い人生の中で不意に直面するさまざまな変化や試練にも対応できる能力が高いのです。

そうした人がモテるのは、当然と言えば当然のことですね。

モテるためには、どんなにオシャレをするよりも、ユーモアを身につけたほうが効果的なのです。あなたもぜひ、周囲を笑顔にする力をマスターして、モテモテになってください。

第2章

おもしろい伝え方の公式①
おもしろい人は
「空気」を読む

おもしろい伝え方の公式とは？

ここからはいよいよ「おもしろい伝え方」のノウハウに入っていきます。

この本で紹介する笑いを生み出すためのシンプルな公式。それは……

空気を読む × 笑いの原理 × 伝える技術

覚えていただくのはこの3つだけです。

とにかく、「場の空気を読む」ことがすべての土台。そのうえで「笑いの原理」を理解して、「伝える技術」を使って効果的に伝えるのです。

あらゆるシチュエーションに応用可能ですが、原則はとてもシンプルです。

それでは早速、「場の空気を読む」ノウハウから見ていきましょう。

01

おもしろい人は、必ず空気を読んでいる

✔コミュニケーションの土台は「空気を読む」こと

普段の自分の様子を考えてみてください。

Ⓠあなたは、普段から空気を読もうとしているでしょうか？
Ⓠ実際に、その場の空気が読めているでしょうか？
Ⓠ読めたとして、その空気の流れに乗れているでしょうか？

改めて問われると、すべてにきっぱりと「ＹＥＳ！」と言える人は、それほど多くないかもしれません。

「空気を読む」こと。
これこそがあらゆるコミュニケーションの基本中の基本です。
空気が読めなければ、どれだけ本を読んでも、どんなテクニッ

クを使ってもムダと言っても過言ではありません。

なぜならコミュニケーションは基本的にアドリブだから。

その場の空気にそぐわないタイミングの悪い発言は、どんなにしゃれたユーモアでも、ウィットにとんだジョークでも確実にスベってしまいます。

✔バラエティ番組で求められるスキルとは？

ちなみに、空気を読むのが重要なのは、私たちの会話だけではありません。

芸人の方にとっても、テレビで人気者になるためには不可欠なスキルです。

台本や演出ではカバーしきれない部分、つまり場の空気を瞬時に読んで、おもしろいことを話す。それが芸人の方に求められていることだからです。

つまり、ユーモアセンス以前の問題として、空気が読めてこそ「笑いのプロ」なのです。


もちろん、私たちがプロの芸人並みに、空気を読んで話す必要はありません。

しかし、空気が読めると会話は驚くほどラクになります。

空気を読めずに話をするのは、まったく知らない街をカーナビなしで運転するようなもの。前のめりになって必死でハンドルにしがみつくような緊張感を伴います。

しかし、空気が読めれば、会話は走り慣れた道をリラックスして運転するように、とても気楽です。

気楽でリラックスしている、つまり自然体でいる時ほど笑いが起きやすくなるというのはすでに紹介した通り。

「空気を読む」という便利なスキルが身につけば、いまよりもっと伝え方がおもしろくなるはずですよ。

POINT

空気が読めなければ、どんな伝え方のスキルも意味がない！

02

そもそも、空気を読むってどういうこと？

✔空気とは「流れ」のことである

そもそも会話の中で「空気を読む」とは、どういうことを指すのでしょうか？
それは逆の状態、「空気が読めない人」を考えてみれば見えてきます。

たとえば、こういう人、周りにいませんか？

A「そうか……B、彼と別れたんだ」
B「いいのよ、あんな浮気者」
C「あんな奴、忘れて今日は飲みましょう（笑）」
――一同笑い
D「そうそう、私ね、ようやく彼からプロポーズされたんだ」
A「そ、そう……。えーおめでとう……」

これでは、一気に場がシラけてしまいますよね。

こういう人には思わず言いたくなります。

「おまえ、空気読めよ」と。

こう言いたくなる人に共通するのは、それまでの「流れ」を一気に変えてしまう、あるいはせき止めてしまっていること。

つまり会話における「空気」とは「流れ」のことなのです。

もう少し詳しく説明すると「空気の流れ」とは、**「どういう人たちが」、「なんのために」、「どこに向かっているのか」**といった、目的や方向性のことです。

先ほど例に挙げた女子会でいえば、「仲のいい仲間たちが」、「彼と別れたBを慰める」目的で、「気晴らしさせてあげる」方向に向かって、空気が流れていたわけです。

ところがDは、その流れをまったく無視して、自分だけがハッピーな話を突然、ぶっこんできたのですから、場がシラけるのも当然です。

✔どうやって「空気を読む」か？

ではどうやって、その場の空気を読めばよいのでしょう？

まずそこに集まっているのは、**「どういう人たち」**なのか。それを見極めましょう。

それを知っておけば、その集団内では、どういう価値観が共有されているのか、どんなことが常識とされているのかが、わかります。

ですから、その価値観や常識から外れたことを言うと「空気が読めない人」になります。わかりやすい例をあげると、巨人ファン同士の飲み会にいるのは言うまでもなく全員、巨人ファン。そこで「タイガース愛」を話しても相手にされることがないのと同じです。

多くの場合、空気の流れは、その場でもっとも影響力のある人に配慮している多数派がつくり出しています。**だれがどの程度の影響力をもっていて、それ**

それの構成員がどんな役割を果たしているかを把握することで、空気の流れはかなり見えてきます。

たとえば毎週日曜日のお昼頃にTBS系列で放送されている『アッコにおまかせ』。この番組では、芸能界の大御所、和田アキ子さんが言わずと知れた「もっとも影響力のある人」です。勝俣州和さんやサバンナの高橋茂雄さんといった〝空気読みの達人〟たちが、和田さんの気ままで言いたい放題（失礼！）の意見と世間の受け止め方の両方の空気を読みながら、笑いにもっていこうとする様子が、毎週くり広げられています。

特にサバンナの高橋さんのリアクションや、目の動きなどに注目しながら番組をご覧ください。編集なしの生放送ですから、空気読みのとてもよい勉強になります。

POINT

空気を読むポイントは、「どういう人たちが」、「なんのために」、「どこに向かっているのか」

03

観察力を鍛えれば空気は読める!

✔観察力を鍛えよう

こうして「空気」について考えていくと、空気を読むために、もっとも必要なことが少しずつ見えてきませんか？

先に結論を言うと、それは**「観察力」**です。

- **今、話している相手はどういう人なのか？**
- **なにを目的としているのか？**
- **その話をどこにもっていこうとしているのか？**

それを察知するには、その場を観察するしかありません。

相手の声のトーンや言葉の言い回し、どんなしぐさで、どんな表情をしているのか。

それらを注意深く観察していれば、相手がどういう人で、なにを目的として、どういう展開にもっていこうとしているのかが読み取れます。

✔観察のポイント

では、なにを観察すればいいのでしょうか。わかりやすい指標のひとつとしては、まばたきの回数が挙げられます。

人は興味をもって話を聞いている時は、まばたきの回数が減るといいます。これはつまり、あなたの話を聞いている相手がしきりにまばたきをしていたら、それほど興味をもっていないということです。

私が長年、台本を担当しているTBSの『世界ふしぎ発見！』にも何度かゲスト出演しているメンタリストDaiGoさんの本などによれば、ほかにも下のようなことが挙げられそうです。

相手の表情、しぐさからわかる心理状態

- ☑ **体が前のめりになる**➡目の前のものに非常に興味がある
- ☑ **腕を組む**➡警戒し、相手と距離をとろうとしている
- ☑ **身体を左右に揺らす**➡緊張または不安な状態
- ☑ **唇を噛む**➡思い通りにいかず、悔しい
- ☑ **まばたきの回数が増える**➡緊張している
- ☑ **鼻の頭に汗をかく**➡緊張している
- ☑ **手のひらに汗をかく**➡緊張している

こうしたサインを人は無意識のうちに発信しているものです。

また、友人の落語家は、観客の姿勢で会場の雰囲気の善し悪しがわかると言います。

たとえば、腕組みをしている客や高座に正対せず斜に構えた客が多い時は、なかなか笑いが起きないというのです。

相手から発せられる情報は、ほかにもたくさんあるはずです。

まずは相手を注意深く見ることから始めてみましょう。

✔ 空気が読めない最大の理由

空気が読めない人は、こうした観察ができていません。

その最大の理由は、話をしている相手よりも、自分自身に注意が向いているからではないでしょうか。

「自分は今、どう見られているのだろう」

「こういうことを話して、頭のいい人だと思われたい」

などと、だれかと話していても意識のベクトルが自分のほうを向いていたのでは、とうてい場の空気を読むことはできません。

なぜなら、すべてのコミュニケーションにおいてもっとも大切なのは、**「自分がどう思われているか？」**ではなく、**「相手がどう思っているか？」「相手にどう思われているか？」**だからです。

話をする時に一番注意を向けなければいけないのは、相手の気持ちです。

「自分がどう思われているだろうか」などと、余計なことを考える余裕があるならば、相手をしっかり観察しながら話してみてください。

それまで自分に向けていた注意を、相手に向ける。

たったそれだけで、同じ話をしても相手の反応がみるみる変わるはずです。

POINT

相手の表情、しぐさを観察してみよう！

04

観察力が高まれば「話題」に困ることはない！

✔話がはずむちょっとしたコツ

初対面の相手と話す時や、ひとつの話題が終わったあと、話のネタが思い浮かばなくて、気まずい思いをしたことはないでしょうか。

空気を読むための観察力が高まれば、そんな心配は一切無用。どんな相手と話す時でも、話題に困ることはなくなります。

相手をよく観察していくと、さまざまなことに気づくはずです。ファッション、アクセサリーや文房具といった持ち物や髪型など、相手がいつもと違うところ、またほかの人と違うところを話のネタにしてみましょう。

「その時計、××××の限定モデルじゃないですか？」

「もしかしてネコを飼っています？　あ、手の甲にちょっとしたひっかき傷が見えたものですから」

「その付せん、半透明なんですね、文字が隠れなくていいですね」

たとえばこんな具合です。

その人のこだわりに気づき、話題にできれば、一気に会話が盛り上がるはずです。

こうして相手の細かな部分にまで気づくことは、相手との距離を縮めるためにも有効です。なぜならば、人は自分に関心をもってくれる人に好意をもつからです。

最初は些細なことから始めても構いませんので、相手を観察して、変化や違いに気づいてあげましょう。**コミュニケーション上手は観察上手**なのです。

✔ 落語家の修業は「空気を読む」修業である

少し話題は変わりますが、落語家が師匠に弟子入りして最初に教わることはなんだと思いますか？

それは着物のたたみ方でも、「寿限無」といった前座噺でもありません。

まず徹底的にたたき込まれるのは、「周囲に気を配ること」です。

天才落語家と評された立川談志師匠は、新しく入門してきた弟子に「とにかく俺を快適にすることを考えろ」と話していたそうです。

師匠である自分がなにを欲しているか、いちいち言葉にしなくても、弟子はそれを察して行動に移せと言っていたのです。

あるテレビ番組で談志師匠の弟子である立川談笑さんが、お客さんとの会話が続かない若手営業担当者に、雑談力をつけるための指導をしている様子を見たことがあります。

そこで、談笑さんが何度も口にしていたのが次のひと言です。

「相手を観察して、気を配れ」

かくいう私も、放送作家になる前は、六代目三遊亭円楽師匠の弟子として落語家の修業をしていました。

当時の師匠は、「気を配れ！」ととにかく言い続けていました。

「気を配る」とは、文字通り周囲を観察して〝気配〟を読むことにほかなりません。

気を配って周囲を観察する。

たとえば、寄席の楽屋でたばこをくわえようとしている師匠がいたら、すぐさま灰皿を持っていく。咳をしている師匠がいたら、のど飴を勧める。

お茶を出すにしても、その人にとって最適な温度や濃さ、タイミングで出せるよう気配りするのです。

そうした細やかな気配りができない人間は、落語家になれない、なれたとしても名人上手にはなれないのです。

「気配り」はまさに相手の気持ちを考える修業です。

そうして常に周囲に気を配ることができるようになれば、落語家にとって不可欠な資質、「空気を読む」ことができるようになると師匠は教えてくれていたのです。

これは、私たちビジネスパーソンにとっても必要なことではないでしょうか。

POINT

気を配って周囲を観察すれば、どんな場面でも困らない！

05

空気が読めれば、コントロールすることもできる！

✔会話は「聞くが8割」の理由

コミュニケーション能力に自信がなかった私は、これまで多くの会話術の本を読んできました。

そうした本に決まって書いてあるのは、「聞き上手になれ」、「自分が話すよりも相手の話を聞くことが大切」、「聞くが8割」といったこと。

人はだれでも、「自分の話を聞いてもらいたい」、「自分の話を聞いてくれる人に好意をもつ」生き物です。その前提から考えると、心地いい会話をしようと思ったら、自分が「話す」よりも、相手の話を「聞く」ことに重きを置くのがよいのは当然です。

ここで大事なのは、相手に話をさせながら、情報を引き出すこと。そして、相手の様子を観察することです。

そうすることで、相手が「なんのために」、「どこに向かって」いるのか、空気の流れが見えてきます。

✔ 空気が読めれば流れをコントロールすることもできる

ここまで読んできて、「空気を読んで、それに合わせて話すよりも、あくまで自分の意見を堂々と話したい」と考えた方もいるでしょう。

それはもっともなこと。

同調圧力とも言える周囲の空気に、ただただ従えばいいものではないことは、戦前の日本の過ちを振り返れば言うまでもありません。

しかし、空気の流れが見えていなければ、自分の意見を効果的に言うことはできません。**どんなに正論でも、空気に合っていなければスルーされてしまう**のがオチだからです。

また、空気の流れが見えていなければ、それを変えることもできません。

全体の話の流れがよくない方向に向かっていて、それを変えたいと思うこともあるでしょう。

たとえば、飲み会でその場にいない友人の悪口に発展しそうな空気を読み取った時。そのまま空気に合わせて心にもない悪口を言ってしまったら、あなたも共犯者になってしまいます。

そんな時は、**「じつはそういうところ、俺にもあってさ……」**などのひと言を挟めば、目の前にいる人の悪口は言いにくいこともあり、その流れがせき止められます。

「××さんは目立ちたがり屋だよね」
「そうそう、スタンドプレーばっかり」

こんな流れの時も、「目立ちたがり屋と言えば最近テレビによく出るようになったあのタレント、彼女のスキャンダルって、どう考えても売名目的だったよね」などと、関係ない芸能人の話題に流れをすり替えたりすることもできます。みんなの知っている話題の人物をネタにできれば、「そうそう、絶対あれって売名だよ。だって……」など、異なる話題で盛り上がるのではないでしょうか。

これらは対象を変えることで流れを変えるテクニック。

悪口を言いたくないのなら、「その点、△△くんっていつも控えめなのに言うべき時はちゃんと言うよね」などとポジティブな流れに変えることもできます。

つまり、空気が読めてさえいれば、**その場の空気にちょっと「水を差す」**ことで流れは変えられるのです。

✔流れを変える〝連結フレーズ〟

ほかにも「××と言えば」、「××で思い出したんだけど」という連結フレーズを使って、話題をまったく別のものにすり替えてしまうこともできます。

たとえば、遅ればせながらハマったのか、多くの参加者がまったく興味をもっていない一昔前の韓流ドラマの話を延々と聞かされている時。こういう時も、「そうそう、韓国で思い出したんだけど、会社の近くにすごくおいしい焼き肉屋さんができたの、知ってる？」などと別の話題にすり替えてしまうのです。
同じように韓流ドラマの話にうんざりしている人がいれば、あなたが話題を変えようとしている空気を読んで「そうなの？　どんな店？」と必ず乗ってくれるはずです。

「××と言えば」「××で思い出したんだけど」

こういった連結フレーズは線路における「分岐器（ポイント）」のようなもの。場の空気には、列車と同じく自動車でいうところの「ハンドル」がありませんから、行先はレールを分岐させるためのポイントによって決まります。

ほかにも、話題をすり替える際には、別の話題にすり替えるだけでなく、

「話は戻るけど」

などと言って、少し前の話題に戻るのも効果的です。

話の流れを切り替える、こうした連結フレーズは、会議で議論の出口が見えなくなった時や、飲み会で上司からやたらと長くてつまらない話を聞かされている時などにも使える便利なテクニックです。

空気を読むコツとともに、こうしたフレーズも覚えておくと、いざという時にあなたを助けてくれるはずです。

POINT

「××と言えば」、「××で思い出したんだけど」、「話は戻るけど」の連結フレーズを使いこなせ！

Column 2

ユーモアがある人はデキる！

ビジネスエリートの8割は「おもしろい人」だった！

仕事がデキる人はユーモアがある――。

雑誌「プレジデント」編集部の調査で、仕事の成果とユーモアの関連が明らかになりました。

調査は、転職サイト「ビズリーチ」の協力を得て実施されたもので、年収1000万円以上のビジネスパーソン679人から回答を得た結果、次のようなことがわかったのです。

調査によると商談の際、「初対面で笑いを誘って打ち解けた経験がある」と答えた人は、実に75・9％。また、職場では81・7％の人が「日頃から上司や同僚、部下と冗談を言い合う」習慣があり、プライベートでも72・5％が「友人、家族を笑わせるのが得意」と答えているのです。

デキる営業は「おもしろい」

みなさんの周囲でも、特に営業の仕事では、つまらない人より、おもしろい人のほうが活躍しているはずです。

実際に「ユーモア学」を専門とする神奈川大学外国語学部教授の大島希巳江さんが、ある生命保険の営業担当者400人を対象に行った調査によれば、ユーモア度が高い人ほど営業成績が圧倒的によいとの結果が出たそうです。

ユーモア度は「1＋1＝の答えをふたつ以上出すことができる」といった20項目からなるアンケートで測定したそうですが、こうした問題に遊び心をもって答えることができる人は営業も得意なのだそうです。

大島教授は「商品の知識があることや時間を守るといったビジネスマンとしての基本を備えていることは大前提ですが、それにプラスして、相手を笑わせせようとするサービス精神をもっているることが深く関係している」と結論づけていますが、まさにその通りでしょう。

デキるリーダーも「おもしろい」

リーダーと呼ばれる人もユーモアの持ち主です。

ユーモアあふれるツイートでたびたび話題になるソフトバンクの孫正義さんや、ファーストリテイリングの柳井正さん、日本電産の永守重信さん、古くは松下幸之助さんや本田宗一郎さんなどは、ユーモアのセンスがある経営者として広く知られています。

また、ロナルド・レーガン氏ら歴代のアメリカ大統領もユーモアセンスに長けていました。世界のビジネスエリート＝成功者の多くもやはり、「おもしろい人」だったのです。

みなさんの周りでも「あいつは仕事がデキる！」と思われている人は、話のおもしろい人が多いのではないでしょうか。

自分だけではなく周囲も笑顔になり、仕事でも成果をあげることができる。まさにいいことづくめなのがユーモア。ビジネススキルのひとつとして身につけておくと、ライバルにも差をつけられます。

第3章

おもしろい伝え方の公式②
今日から使える
たったひとつの〝笑いの原理〟

たったひとつの〝笑いの原理〟とは？

すべてのコミュニケーションの土台となる「空気を読むこと」の大切さはご理解いただけたでしょうか。

この第3章では、いよいよ「おもしろい伝え方」の中核ともいえるたったひとつの〝笑いの原理〟を紹介していきます。

原理など知らなくていいという方もいるかもしれません。ただ法則、いわば笑いの本質を知ったうえで応用したほうが「おもしろい伝え方」はより身につくはずです。

なぜならば、コミュニケーションはアドリブだから。定型のフレーズを覚えたとしても、それを使う機会がやってくるとは限らないのです。原理がわかっていれば応用も可能。ですから、どうぞしばらくお付き合いいただければ幸いです。

01

そもそも、人はなぜ笑うのか？

✔枝雀理論、「キンカンの法則」

まったく同じことを話題にしているのに、なぜ話す人によっておもしろくなったり、つまらなくなったりするのか?

かつて落語家を目指し、その後30年近く放送作家として活動してきた私にとって、それは人生の大半を費やして突きつめてきた課題でした。

その結果わかったのは、おもしろいか否かは、すべての笑いに共通するルールに則っているか否かで決まるということです。

そのルールこそが、「緊張の緩和」の理論です。

「人はなぜ笑うのか?」

このシンプルだけど根源的な疑問について、古今東西の哲学者が考え続け、さまざまな理論を発表してきました。

その中で、私がもっとも納得できたのは、アリストテレスでもモリオールでもベルクソンでもありません。「浪速の爆笑王」と呼ばれながら1999年に59歳の若さで他界した落語家、二代目桂《かつら》枝雀《しじゃく》師匠の言葉です。

枝雀師匠が唯一の笑いの原則としたもの、それこそが「緊張の緩和」の理論です。

それを、枝雀師匠は「緊緩（キンカン）の法則」と名付けました。

この理論は、いたってシンプル。

人は緊張が緩和された時に笑うのです。

✔ 明石家さんまさんも使う〝緊張の緩和〟

あまりにもシンプルすぎて信じられない、と感じている方が多いかもしれません。

そこで、もうひとりのスペシャリストによる「笑いの理論」を紹介します。

それは、明石家さんまさん。

「マジメに考えすぎてしまうので人を笑わせるのが苦手」だと話す日本テレビのアナウンサー桝太一さんに、明石家さんまさんは、こうアドバイスしていました。

「笑いに教科書なんてないですからね。突きつめれば〝緊張の緩和〟だけなんです、笑いなんて。緊張させて緩和させるだけなんです」

ちなみに、哲学者のカントも「緊張が緩和することで笑いが起きる」と分析しています。また、「進化論」を提唱した生物学者のダーウィンも、「敵が迫り来る緊張感が緩和すること」がそもそも笑いの起源だとしています。

そろそろ信じていただけたでしょうか。

そうは言ってもまだ半信半疑だという方のために、もう少し具体的に分析していきます。理論はいいから応用例を知りたいという方は、97ページ以降をお読みください。

POINT

「緊張の緩和」——笑いの原理は極めてシンプル！

02

なぜ、「葬式のおなら」はおもしろいのか？

✔「キンカンの法則」とは？

緊張が緩和することで笑いが起きる、そのもっともわかりやすい例が「葬式のおなら」です。

とても笑う気分にはなれない、悲しいお葬式がほとんどですが、たとえば100歳を超えて大往生を遂げた私の曾祖母の葬儀のように、中にはそうでないお葬式もあります。

個人的には悲しかったのですが、私の故郷では「そこまで長生きしたのだからむしろ大往生で、めでたい」といった雰囲気も漂っていて、久々に顔を合わせた親戚一同が笑顔で集まるような葬儀でした。

とはいえ、お別れの儀式ですから、いざ、僧侶の読経が始まればセレモニー特有の緊張感に包まれます。

そんな時、だれかがついおならを漏らしてしまう。

それも「プゥゥ〜♪」といった、間抜けな音までついていたりすると、多くの参列者は思わず笑ってしまいます。

実際に、私の曾祖母の葬儀は真夏だったものですから、開け放った窓から入ってきたミンミンゼミが読経をしているご住職の後頭部に止まってしまうというハプニングが起きました。

ご住職は右手に木魚のバチ、左手に経文を持っているため、追い払うこともできません。

この時点で私の姉などは、もう顔を真っ赤にして笑いをこらえていたわけですが、ミンミンゼミが木魚のリズムに合わせて鳴き始めたものですから、そのタイミングで全員が大爆笑。

笑ってはいけない緊張感の中、場にそぐわない出来事が起こり、脱力して笑ってしまう。「緊張の緩和」を実感した経験でした。

✔「笑ってはいけない」シリーズがウケる理由

テレビの世界で、「緊張の緩和」理論を応用して大人気となっているのが、「笑ってはいけないシリーズ」。いまや紅白歌合戦に次いで大晦日の風物詩になりつつある日本テレビの『ダウンタウンのガキの使いやあらへんで‼』の特別番組です。

絶対に笑ってはいけない、笑うと〝お尻たたき〟のお仕置きが待っている状況の中、笑いのトラップを仕掛けられると、普段ならそれほどおかしくないものでも、つい吹き出してしまう。そしてメンバーに感情移入しながら見ている私たちも、大笑いしてしまうのです。

✔すべての笑いは「キンカンの法則」である

「キンカンの法則」は、ほかにもさまざまな場面で見られます。

「風刺」の笑いも「キンカンの法則」の古典的な例のひとつでしょう。

たとえばブレジネフ書記長時代の旧ソ連で生まれた風刺の古典的名作にこんなものがあります。

ソビエトの赤の広場で「ブレジネフのバカ野郎！」と叫んだ男が逮捕された。

裁判では禁固15年の刑を宣告された。

罪名は〝国家機密漏えい罪〟だった。


いまの私たちには、ピンとこないかもしれませんが、こうした風刺に、旧ソ連時代、一党独裁体制の中で息苦しさを感じていた人々は大いに笑ったといいます。

絶対的な権威という緊張が貶められ、緩和することで笑いが生まれたのです。


仕事のあと、居酒屋などで上司の悪口で笑って盛り上がるのも「緊張の緩和」です。

また、下ネタがおもしろいのも、〝性〟といったある種のタブーを破ることで緊張が緩和され、笑いが生まれているのです。


もっと身近でわかりやすい例を挙げれば、漫才も同じ理屈で説明できます。

漫才の演者は、基本的に「ボケ」と「ツッコミ」に役割分担がされていますが「ボケ」は〝非日常〟です。

日常ではありえないことが起きれば、聞き手の頭の中には「？」が浮かびます。

それをツッコミが訂正したりして〝日常〟に戻すことで、緊張が緩和されて笑いが起きているのです。

「いやあ、キミ、アツはナツいなあ」とボケがしゃべると、観客の頭には「？」が浮かびます。なんのことだろうと思ったところで間髪入れずに、ツッコミが「そらキミ、ナツはアツいやろ」と訂正することで、観客は安心（緊張が緩和）して笑うのです。

江戸時代から続く伝統的な笑いである落語のくすぐり（笑わせるポイント）やオチも同じ理屈です。


時代や国を超え、**すべての笑いに共通するのが、「キンカンの法則」**なのです。

✔ダジャレ＝〝ひざかっくん〟!?

「キンカンの法則」がわかると、ダジャレがつまらない理由も説明できます。

ダジャレは笑いの強要のようなもので、聞き手に心理的な負担をもたらすから避けたほうがいいというのはすでにご説明しました。

では、なぜ、突然のダジャレはつまらないのか。その理由は、緊張がまったくないところに、いきなり「緩和＝弛緩」がくるからではないでしょうか。

たとえるなら、**〝ひざかっくん〟**のようなものです。

だれでも一度はやられたことがあるはずです。

立っていたら、いきなりだれかが真後ろから自分の膝を前の人の膝の裏にぶつけて「かっくん」とさせる、あれですね。

不意に〝ひざかっくん〟をやられると、時として怒りがこみ上げることがありますが、ダジャレも同じこと。

いきなり、心が「かっくん」と弛緩してしまう、しょうもないダジャレを聞かされることに怒りを覚えてしまうのは、あなただけではないのです。

また、おもしろい話をしようとする時は語り手が笑ってはいけないというのも同じこと。語り手が先に笑ってしまうと、いきなり場の空気が弛緩するため緊張が生まれません。

だからこそ、笑わずにマジメな顔で話し始めるべきなのです。

マジメ（緊張）が緩んだところに、笑いが生まれるのです。

✔「緊張→緩和」は0コンマ数秒の出来事

「キンカンの法則」では、まず「緊張」があって、そのあとに「緩和」が来るのがセオリーです。ただし、その間隔はシナプスレベルの場合もあります。

「シナプスレベル」と言ってもイメージしづらいと思うので、例を挙げます。

「漢字の『傘』みたいな顔してますよね」

これは、ダウンタウンの松本人志さんがクリス松村さんの顔を見てボソッとしゃべったひと言です。

「漢字の『傘』」と言われて、聞いているほうは一瞬虚を突かれたような感覚を抱くことでしょう。

しかし、その0コンマ数秒後に「そう言われれば頭の尖ったところが、『傘』の部首（冠）に、クシャッとした顔も〝4つの人〟のところに似ている！」と結びつく。そして、笑ってしまうのです。

つまり、一瞬「どういうこと？」と思わせておいて、「ああ、なるほど！」と思わせて緊張を緩和させているわけですが、その時、聞き手の頭にはシナプスレベルだとしても**「？→！」**という流れが起きているのです。

少し長くなりましたが、「キンカンの法則」が笑いを生み出していることは理解いただけたでしょうか。97のページから、日常会話でどのように使っていけばいいか、その具体的な方法を紹介していきます。

すべての笑いは「緊張の緩和」。以下では、代表的なものを紹介していきますので、日常で使えるものから試してみてください。

POINT

すべての笑いは、「キンカンの法則」で成り立っている！

実践編

キンカンの法則　実践例1

緊張 → 緩和（倒置法）

✔小池百合子氏の「倒置法」

文字通りのもっともベーシックなパターン。いったん聞き手を緊張させて緩和させるパターンです。

これを得意としているのが2016年に旋風を巻き起こして東京都知事になった小池百合子さん。

「膨れあがるオリンピック予算、一兆、二兆、三兆って……豆腐じゃないんですから」

「見てください、この資料！　ほとんど真っ黒に塗られて……のり弁じゃないんですから」

と、小池さんの演説には追及するような厳しい口調から、いきなりまったく異質なものにたとえて落とすパターンが目立ちます。当時のＶＴＲを見返してみると、集まった聴衆は、このタイミングで確実に笑っています。

ふつうなら「豆腐じゃないんですから、一兆、二兆って……」とか、「見てください、のり弁のように真っ黒に塗りつぶされた資料」となりますが、小池氏は**あえてひっくり返す**ことで、「緊張↓緩和」の典型的なパターンを使っています。

これは「倒置法」を使うことで、効果的に緊張を緩和させるテクニック。

この方法で、だれでも簡単に「緊張の緩和」を使いこなすことができます。

たとえば雑談。

「今日はいい天気でよかったですね」など、天候など共通の話題から入るといい、とアドバイスされることがあります。

これを、「今日はよかったですね」と始めてみるのです。すると、「ん？　なにがよかったんだ？」と「？」が相手の頭に浮かびますので、そのタイミングで「天気がよくって」と続けるのです。

比べてみましょう。

今日はいい天気でよかったですね

これでは「そうですね」以外に返す言葉がありません。

今日はよかったですね……天気がよくって

こう言い換えるだけで、いったん頭に「？」が浮かんだ分、相手の心に言葉が深く突き刺さります。きっとリアクションが変わってくるはずです。

例をもうひとつ。たとえば購入した洋服を友人A子も買っていたことがわかった時。

先週買った服がA子とモロ被りで、もう大ショック！

これを、次のように変えてみてください。

先週、洋服を買ったんだけど、もう大ショック！
……A子とモロ被りだったのよ

こうして文字にしてみると、まさにほんのちょっとの差。でも、もっとも言いたいことを取っておいて、最後に話すだけのこの〝ちょっとの差〟が、言葉にした時、相手の心により強い印象を与えるのです。

倒置法は、「キンカンの法則」のベイビーステップです。

まずは「笑いをとる」ことよりも、こうしたテクニックを使って相手の頭の中に

「？」を浮かべさせ（緊張させて）、それを緩和することから始めてみましょう。

✔緊張状態を意図的につくる

小池氏の演説から学べるのは、倒置法だけではありません。小池氏が追及するような厳しい口調で緊張感を高めていたように、**話す時にまず、意図的に相手に緊張感を覚えさせる**のも効果的です。

たとえば、「あれ？」と、仲のいい女性の同僚の顔を3秒ほどじっと見つめてみる。当然、彼女は「え、なに？」と不安を覚えるはずです。そのタイミングで、「いや、今日はいつにもましてキレイだなと思って……」などと言って緊張を緩和させるのです。不安がなくなった相手は、それだけのことで笑顔になるはずです。

「キンカンの法則」を使えば、プロポーズの成功率も上がるかもしれません。

たとえば、長年付き合ってきた彼女に、こう切り出してみましょう。

「じつは話しておかなきゃならないことがあるんだけど、冷静に聞いて欲しいんだ」

この時、彼女の脳には「もしかして、別れ話?」など、ネガティブな予想がよぎり、心理的な緊張状態に陥ります。そのタイミングで、「僕と、結婚して欲しい」とプロポーズすればいいのです。

別れを切り出されるのかもしれないという緊張が緩和された彼女は、一気にほっとすることでしょう。そして、受け入れてくれる可能性が高まるはずです。

もっともプロポーズが確実に成功するかどうか、これればかりは保証できませんが。

【活用例】

例 **部下の企画書をほめる時**

あなた「……この企画書を書いたのはだれだ!」

部下「すみません、私です」

あなた「おまえなあ……なんでこんないい企画、すぐ出さないの！」

例

部下を早く帰らせたい上司

あなた「おまえら全員帰れ！」
部下「仕事があるので僕は残ります！」
あなた「いや帰れ。俺も帰りたいんだ」

例

女性から男性へのお願い

あなた「相談があるんだけど、怒らないで聞いて欲しいんだ」
男性「ど、どうしたの？」
あなた「今度の休日付き合ってもらえないかな、お買い物」
男性「なんだ、そんなことか。もちろん付き合うよ」

最後の例は、意図的に緊張をつくったうえで、倒置法を使ってさらに効果を高めているケースです。

いきなり「今度の休日、買い物に付き合ってよ」と切り出してしまうと、相手は「うーん、こいつの買い物、長いんだよなあ。それに荷物持ちに使われるだけだし」などと思いかねません。

しかし「キンカンの法則」を使えば、そんな相手も動かすことができるかもしれません。

POINT

緊張感を抱くひと言から会話を始めてみよう！

実践編

キンカンの法則　実践例２

自慢
↓
自虐

✔自慢話を笑いに変える

他人の自慢話ほど、鼻持ちならないものはありません。自慢話は、極力しないよう気をつけたいものです。

そんな嫌われる自慢話も、伝え方次第で「笑い」に変えることができます。

たとえば、自虐に落とし込む。これならばＯＫ。自慢を聞かされている時の「嫌だな」という緊張が緩和され、聞き手は必ず笑顔になってくれます。

自虐ネタが得意なビジネスエリートといえば、ソフトバンクの孫正義さん。孫さんは「髪の毛の後退度がハゲしい」とのツイートにこう返し、話題になりました。

「髪の毛が後退しているのではない。私が前進しているのである。」

ほかにも、有名人のものではありませんが、こんな自虐ネタもツイッター上で話題になりました。

母から電話で「最近変質者が多いらしいから気を付けてよ」と言われたので「変質者は可愛い子狙うから私は大丈夫だよ」て言ったら「なに言ってるの！　あなただって危ないわよ！」と言われたので「母さん……」とジーンとしてたら「夜道は可愛いかブ

スかわからないんだから！」て言われて無言で電話切った。

自慢っぽく相手に聞こえてしまう話には、最後にこのような自虐ネタをひとつ加えてみましょう。それだけで鼻持ちならない自慢話が、一転して相手を笑顔にするユーモアになります。

「自慢して嫌われる」くらいならば、多少話を盛っても構いませんので、自虐ネタを添えてみてください。

長い目で見た場合、自分をオトして「おもしろい人」という印象を与えたほうがあなたの人生にとってはおトクですよ。

【活用例】

例 **車を買ったことを自慢せずに話したい時**

あなた「先輩、僕ついにＢＭＷを買いました！」
先輩「へえ（うわ、自慢話かよ……）」
あなた「中古車を72回ローン！　これから６年がかりで払います……」

例 **上司の愚痴を言いたい時**

あなた「上の連中は、俺の豊かな才能をわかっちゃいない！」
後輩「そうですよね（やれやれ）」
あなた「まあ、俺もよくわからないんだけどね」

例

合コンの成果を話題にする時

あなた「昨日は、イケメン軍団とＢＢＱ合コンだったのよ」
友人「へえ、いいわね（はいはい、自慢ね）」
あなた「でも網の上のカボチャと同じで、結局、売れ残ったんだけどね（笑）」

「どうせ私はモテないし……」といった自虐ネタだけだと、相手は肯定するわけにもいかず、リアクションに困ってしまいます。
ですが、あげてからオトせば、自然と笑いが生まれるのです。

POINT
自慢話はオトして笑いに変えよう！

実践編

キンカンの法則　実践例3

思い込み（予想）→裏切り

✔“裏切り”は武器になる

「たぶん、こうなるんだろうな」といった予想や「こうなんだろうな」といった思い込み。それを裏切るのも、「キンカンの法則」の実践法のひとつです。

アメリカの認知科学者、マシュー・ハーレー氏らの本『ヒトはなぜ笑うのか』（勁草書房）によると、**「推理や自分の思い込みが外れた時に人は笑ってし**

まう」のだそうです。

これはつまり、予想が外れた瞬間に、まず「緊張」（＝？）が起こり、その直後に「ああ、そうきたか」と納得の「緩和」（＝！）が起きて笑いが生じているということです。

たとえば次のふたつの小話は、典型的な例でしょう。

あるご婦人が犬の散歩をしていた時のこと。

酔っ払い「おい、おまえ、公園に豚なんか連れてくるんじゃねえ」
ご婦人「あら相当酔ってらっしゃるのね、これは豚じゃなくて犬ですのよ」
酔っ払い「ああ？　……豚は黙ってろ、俺は犬に言ってんだ」

続いて、ある美術館での会話。

客「あら～すてきな絵ですこと。ルノワールですわね」

係員「いいえ奥さま、それはダビンチでございます」

客「あ～らこちらもすてき、ダビンチですわね」

係員「いいえ奥さま、それがルノワールでございます」

客「あら、この絵なら私にもわかるわ。ピカソよね」

係員「いいえ奥さま……それは鏡でございます」

ご婦人が美術館でルノワールやダビンチの絵を見たあと、「ピカソの絵を見ている」と誤解させておいて、鏡を見ていたのか、と気づかせる。こうした誤解誘導は映画やテレビのような映像メディアでは不可能なことですが、話では

実に効果的。落語のマクラにもよく使われます。

【活用例】

例　**居酒屋での注文**

あなた「すぐにできるツマミは何ですか？」
店員「枝豆、キムチ、もつ煮なら、すぐです」
あなた「じゃあ……ポテトグラタン」
友人「なんで聞いたんだよ！」

例　**飲み会の幹事になった時**

あなた「今日の打ち上げだけど、俺が出そうか」
同僚「おごってくれるの？」

あなた「いや、ポイントカード」
同僚「貯めるのかよ」

最初の会話は、とんねるずがロケで食事をする時によく使うパターン。まず店主に、この店のお勧めを聞き、「お勧めは味噌煮込みうどんです」との答えを聞いたあと、「じゃあ、俺はカツ丼で」。自分でお勧めを聞いたのだから、当然、それを頼むと思わせておいて違うものを頼むことが、視聴者の予想を裏切り、笑いへとつながるのです。

POINT

予定調和を破ったところに笑いが生まれる！

実践編

キンカンの法則　実践例4

謎→解決

✔ 聞き手の頭に「？」を浮かべる

次の文章は、古典落語の『馬のす』のあらすじです。まず読んでみてください。

ある釣り好きの男が、釣りをしようと道具を取り出したものの糸が切れています。

そこで馬の尻尾の毛を抜いて釣り糸にしようとするのですが、それを目撃した友だちに「おい、馬の尻尾を抜くなんて、とんでもないことをするな」といさめられます。
「尻尾を抜くと、どうなるんだ?」と不安がる釣り好きの男に「どうなるどころか、とんでもないことだ」と友だち。釣り好きの男は祟りでもあるのかと心配になり、聞き出そうとします。

すると、友だちは「酒をおごってくれるなら話してやろう」と言い、酒をさんざん飲んだあとでひと言。

「そんなら言おう。馬の尻尾を抜くとな……、馬が痛がるんだ」。

「馬の尻尾を抜くとなにが起きるのか?」という謎でさんざん緊張を高めたあとで、「なぁーんだ、うまいことを言ってタダ酒を飲んだのか」とオチをつける。これも、「キンカンの法則」を実践した典型的な笑いのひとつです。

「キンカンの法則」は基本的に「フリ↓オチ」の構造になっていますが、フリでは「謎を残した情報」を相手に話して相手の頭に「?」を浮かばせたあと、ネタばらしをすると、効果的に「キンカンの法則」が発動します。

そのもっともわかりやすい構図が、ここで紹介する「謎→解決」の型。

フリで「謎」を提示して相手の頭に「？」を浮かべ、オチで解決するパターンです。

たとえば、モテない友人から、こんな話を切り出されたら、頭の中に「？」が浮かぶのではないでしょうか。

「この間いい匂いがするなと思って朝起きたら、見知らぬ若い女性が隣で寝ていたんだよ。もうびっくりしちゃってさ」

「なんでこいつの隣に若い女性が？」、「あいつが若い女性をお持ち帰り？」など、あなたの頭の中にはたくさんの「？」が浮かぶはず。まさにある種のミステリー。

じつは、このエピソードは私の友人が実際に体験したことです。

よくよく話を聞けば、夜行バスに乗車したところ、混んでいたせいかたまたま隣に見知らぬ若い女性が座っただけのこと。

そのままぐっすり眠り、目が覚めた時、夜行バスに乗っていることを忘れていたため、隣に若い女性がいて驚いた、という話でした。

この話、「この前、夜行バスに乗ったら隣に若い女性が座ってさ……」と話し始めたとしたら、おもしろくもなんともありません。

「謎＝ミステリー」で始まるからこそ、おもしろくなるのです。

【活用例】

例 **営業でのつかみのひと言**

あなた「今日は商品の紹介ではありません」

先方「はあ（じゃあなにしに来たんだ？）」

あなた「まずは私という人間を知ってください」

例

友人や同僚との雑談

あなた「最近なぜか夜眠れなくて」
同僚「なにか心配事でも？」
あなた「昼寝はぐっすりなんだけど」
同僚「それだよ」

「謎→解決」の型のポイントは、相手の興味をかきたてること。
相手の頭の中に「？」が浮かぶような導入を考えてから話し始めてみてください。

POINT

相手の興味をかきたてる「謎」から話し始めよう！

実践編

キンカンの法則　実践例5

権威
↓
失墜

✔落差が笑いを生む

権威が失墜しても、「キンカンの法則」により笑いが生まれます。

映画監督の北野武さんが２０１６年秋、フランスで最も権威のあるレジオン・ドヌール勲章を受章した時のコメントはこういうものでした。

「総理大臣がバナナの皮を踏んで転ぶと皆笑うとチャプリンが言った言葉があるが、同じように、お笑いのためには素晴らしい賞をいっぱいもらって、それから落ちることが『落差』がつくということだと思います」

芸人「ビートたけし」と世界的な映画監督「北野武」。この落差が笑いを生むことを意識しての発言でしょう。

また、落語の世界にはこんな小話があります。できれば目で文字を追うだけでなく、声に出して読んでみてください。よりおもしろさが伝わるかもしれません。

明治天皇が鳥取砂丘をお訪ねになった時、一陣の風が舞いました。ふと陛下を見ますとなにやら、目をこすっていらっしゃる。慌てた侍従が「陛下、いかがなさいましたか？」そう言うと陛下がひと言。

「目ぇいじってんの～」。

大正天皇が民の台所は賑わっておるかと、築地市場をお訪ねになった時、ふと見ると陛下が、大きな赤い魚を突然、お担ぎになった。慌てた侍従が「陛下、なにをなさっておいでですか？」そう言うと陛下がひと言。

「鯛、しょってんの～」。

昭和天皇が宝塚の観劇にお出かけになった時、陛下は劇場の扉をお開けになりましたが、なぜかそのまま戻ってこられました。慌てた侍従が「陛下、いかがなさいましたか？」そう言うと陛下がひと言。

「ショー、終わってんの～」。

戦前であれば不敬罪に問われ牢獄行きになりかねないようなダジャレですが、戦後の寄席では結構ウケています。

本来は、それほどおもしろくはないはずのダジャレ。しかし、天皇という普段は決していじられることのない存在をいじることで、「緊張の緩和」が生まれて笑いが起きるのです。

もちろん私たちが皇室のような対象をネタにすることは避けたほうが賢明です。ですが、たとえば身近な権威を少し落とすことで、笑いを生み出すことはできそうです。たとえば、仲間内で上司を「くん付け」で呼んでみる。あと、総理大臣を「安倍ちゃんも、世界中飛び回って頑張ってるけどさあ」と、上から目線で言ってみてもおかしみが生まれます。

【活用例】

例　職場での会話1

あなた「山田社長から金一封をもらったよ」
後輩「へえ、すごいですね」
あなた「中を見たら500円玉が一枚、山田くんもケチだなあ」

例

職場での会話2

後輩「先輩、ヒロコ先輩が目を三角にして怒っていますよ」
あなた「あら私、ヒロポンの逆鱗に触れたかしら？」

「権威↓失墜」のパターンでは、あえてちょっとだけ「上から目線」でものを言ってみましょう。すると、「キンカンの法則」の効果が高まります。

ただし、上司や先輩をネタにする時などは、当然ながら当人に聞かれないよう要注意。

POINT
少しだけ上から目線がポイント！
ただし、使い方には要注意

実践編

キンカンの法則　実践例6

たとえる → 結びつく

✔「おもしろい人」は「たとえ」がうまい！

この章の前半でも、松本人志さんの絶妙な「たとえ」を紹介しましたが、「たとえる」ことで生まれる笑いも「キンカンの法則」に当てはまります。

では、どうすれば笑える「たとえ」がつくれるのか、そのコツを見ていきましょう。

先ほども紹介した松本人志さん。

クリス松村さんを「漢字の『傘』」だけでなく、「へその緒みたいな顔しているよね」と言ったことがあります。

なぜ、このようになるような「たとえ」をつくることができるのか。

そのしくみを私なりに分析してみたところ、「笑えるたとえ」をつくる時、**たとえようとする物事をいったん「抽象化」している**のではないか、という結論にたどり着きました。

先ほどの例で言えば、クリス松村さんの顔を「なんだか茶色くてクシャクシャッとしている」と抽象化したうえで、「茶色くてクシャクシャッとしているものと言えば……」と、連想を広げて、いつか目にした「タンスの中にしまってあったへ

おもしろい「たとえ」の構造

☑ **たとえる対象**　クリス松村

⬇

☑ **抽象化**　茶色くてクシャクシャッとしている

⬇

☑ **たとえたもの**　へその緒

その緒」にたとえたのです。

松本さんは、このようなフレームワークの発想を瞬時に行っているのかもしれません。

✔距離があるものにたとえるほどおもしろくなる

「たとえ」を考える時は、発想を広げるようにしてみてください。

先ほどのクリス松村さんの例。

「茶色くてクシャクシャッとした」〝人物〟や〝動物〟、あるいは〝もの〟にたとえてもよかったはずです。でも、松本さんは、「タンスにしまってあったへその緒」にたとえた。まさにぶっ飛んだ発想です。

このように、**「たとえる対象」と「たとえたもの」の距離が離れていれば離れているほど大きな笑いになる**のです。

どんどん距離が離れていけば、「たとえる対象」と「たとえたもの」が、より異質なものになっていきます。つまり笑いというのは**「異質な材料の新しい組み合わせ」**でもあるのです。

しかし、単に遠ければいいわけではありません。いくらぶっ飛んだ発想でも、「共感」してもらえなければ、「緊張の緩和」は生まれません。

まとめると、なるべくたとえるターゲットから距離をとりながらも、**相手になじみのあるものにたとえる**のが得策でしょう。

「このお茶、渋いな」
「まるで〝うちの経理〟ですね」

「このせんべいは固いな」
「まるで山田部長の頭ですね」

共感を呼ぶために、もっとも簡単なのは、このように身内にたとえること。要するに共通認識があるものにたとえればいいのです。

ほかにも、その時々で話題になっていることも多くの人に共通認識がありますから、有効です。

たとえば、「ポケモンGO」が流行っていた時は、「がっかりした」ことを表す「たとえ」として、こんな伝え方もできそうです。

「せっかく孵化させたタマゴから現れたのが〝ポッポ〟だったくらい、がっかりしましたよ」

ほかにも、次のページのような「たとえ」も汎用性があります。

いずれにしても「遠いジャンル」からネタを借りてきた異質なものを「身近なものにたとえる」のが大原則。そうすることで、相手の頭に一瞬「?」が浮かび、そのあとで納得するといった「?→!」の動きが生まれ、「キンカンの法則」が発動するのです

POINT

「たとえ」は、遠いジャンルからネタを借りてこよう!

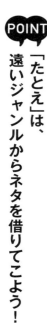

共感を呼ぶ「たとえ」の例

☑「義務教育で知ったこと」にたとえる

・不公平＝「小村寿太郎が憤るようなアンフェア」
・大事なものを持ち出す人＝「シーボルトのように持ち出した」
・一貫性がない人＝「フレミングの法則のようにばらばら」
・きりがない＝「円周率のようにどこまでも続く」
・静寂＝「理科準備室のような静かさ」
・気温の暑さ＝「本能寺の変のような暑さ」

☑「料理」にたとえる

・目立たないけど不可欠な人＝「ラーメンのメンマくらい必要」
・ダジャレ＝「ラーメン屋のラー油瓶のようにべたべた」
・静寂＝「カニの身をほじるような静かさ」
・いてもいなくてもいい人＝「ナルト巻のようにどうでもいい」
・些細な問題＝「ホットミルクの膜のような問題」
・気温の暑さ＝「ナメコの味噌汁のような暑さ」

☑「著名人」を引き合いに出す

・静寂＝「日本海を見る高倉健のような静かさ」
・ミステリー＝「織田裕二の私生活のような謎」
・もどかしさ＝「玉置浩二のようなじれったさ」
・サバ＝「イチローのように足が早い」
・気温の暑さ＝「松岡修造のような暑さ」

実践編

キンカンの法則　実践例7

たとえ

↓

ツッコミ（ツッコミ→たとえ）

✔「たとえ」と「ツッコミ」のハイブリッド

続いてはちょっと高度な技、「たとえツッコミ」です。「たとえる」テクニックと「つっこむ」テクニックのハイブリッドですから、難易度は高いかもしれません。でも、マスターできれば最強のテクニックですから、チャレンジする価値は十分にあります。

「たとえツッコミ」は、ダウンタウンの松本人志さんやフットボールアワーの後藤輝基さんなど、得意としている芸人は数多いのですが、特にお手本にしたいのは、くりぃむしちゅーの上田晋也さんです。

たとえば、似ているようで全然違うものに対しては、

「加藤あいと阿藤快くらい違うよ！」

とうてい不可能なことに対しては、

「産婦人科で処女を探すくらい難しいよ！」

流行に乗り遅れている人に対しては、

「11月に冷やし中華始めましたくらい遅いよ！」

このような、上田さん流の鋭くてわかりやすい「たとえツッコミ」は日常で応用できたら大きな武器になるはずです。

たとえば、営業先から帰ってきた時の上司への報告。新しい取引先が提示してきた条件が、あまりにシビアで現実離れしていたとしましょう。

「先方のTさんは無理難題ばかりで、まったく話になりませんでした」

こう聞いた上司は内心、「おまえのアプローチが甘いんじゃないか」と考えるかもしれません。

ですが、「たとえツッコミ」を使って、このように言うこともできます。

「課長、○○社のT女史は無理難題ばかり、まるで〝かぐや姫〟みたいなんですよ」

『竹取物語』の中で、かぐや姫は言い寄る貴公子たちに「龍の首についている五色の玉を持ってこい！」とか「火鼠の皮衣を持ってこんかい！」といった、ありえないものを要求して求愛を断ろうとするわけですが、無理難題を言うTさんをかぐや姫にたとえれば、いかに高いハードルを設定されたかを伝えることができるでしょう。

ちなみに、「無理難題＝かぐや姫」という「たとえツッコミ」は、くりぃむしちゅーの上田さんが無理難題ばかり言う女性ゲストに、「無茶ばかり言うなよ、かぐや姫か！」と「たとえツッコミ」をしたことが元ネタです。

これは、やや高度すぎますが、「まるで××ですね」と反応するだけで気の利いた返しになりますよ。

POINT

「まるで××ですね」から始めよう！

実践編

キンカンの法則　実践例8

ノリ → ツッコミ

✔リアクションしづらい時は、いったん乗ってみる

続いてはいわゆる「ノリツッコミ」と呼ばれる技です。

○○「ソースとってくれる?」
××「はい（ホースを渡す）」

◯◯「そうそう、やっぱトンカツにはホース……って違うやろ！」

つまりボケに対して、いきなり「違うやろ！」と否定するのではなく、いったん受け入れるフリをしたあとでつっこむパターンですね。

明石家さんまさんや雨上がり決死隊の蛍原徹さんが、よく使いますね。

これも「そうそう」と乗った瞬間、相手が「あれ？　否定しないのかな」と違和感（緊張）を感じたあとで、「ああ、やっぱり否定か」と安心する、というしくみです。

ただし、関西の一部地方をのぞいて、日常で「ソースとって」と言われてホースを渡すようなボケをする人はあまりいません。

私たちが日常で使うとしたら、次のようなシチュエーションです。

特にいじられた時などに有効ですのでお試しください。

【活用例】

例
上司からのいじりへのリアクション

上司「おまえ、顔が長いなあ」
あなた「そうなんですよー、もうネクタイより長いですから……って、そこまでは長くないですよ」

例
先輩からのいじりへのリアクション

先輩「早く仕事終わらせてくれよ。なにをしても遅いんだな」
あなた「そうなんですよー、給食も最後まで食べていたタイプで……って、もう終わりますよ」

例 **課長からのセクハラへのリアクション**

課長「○美ちゃん、今日もデートかい？」

○美「そうなんです、モテる女は辛い……って課長、それ四捨五入したらセクハラですからね（笑）」

いきなり否定したら角が立つ場面でも、**いったん乗っかる**ことで笑いが生まれます。まさに潤滑油的ユーモアと言えますね。

そうは言っても、最後に紹介した、課長のいじりは四捨五入するまでもなくセクハラです。

この本を読んでいただいているよい子のみなさんは、絶対にこういうことを言わないよう気をつけましょう。

ただ、まだまだこうした「昭和の化石」とも言えるおじさんが生息しているのも事実です。

そういう人に「それってセクハラですよ！」と、目を三角にして訴えても、逆恨みされるだけ。「ノリツッコミ」で、とりあえずその場をかわしましょう。そして、あとでしかるべきところに被害を訴えてください。

また、この「ノリツッコミ」は、乗っている間に、その次の言葉を考えることができるというメリットもあります。

POINT

即座に否定しないで、いったん乗ってみると笑いが生まれることも

実践編

キンカンの法則　実践例9

あるある → ツッコミ

✔ 〝あるあるネタ〟にたとえよう

いよいよ最後の実践法です。

「たとえ」を使って笑いをとる場合、聞き手の共感を得ることが大切だというのは、すでにお伝えしていることです。ですから、なるべく共通の体験、いわゆる〝**あるあるネタ**〟にたとえると笑いにつながります。

だれでも共感できる共通体験の典型といえば、「小学校や中学校時代に体験したこと」ですが、じつはこの〝あるあるネタ〟も「キンカンの法則」によって笑いを誘う手法です。

小中学校時代のことは普段は忘れていますから、言われた瞬間は、「あれ、それって!?」と緊張が走ります。そして、その直後に「確かにあった、あった!」で緩和する。こうして、興味深い話ができるようになるのです。

【活用例】

例　**職場で後輩に注意する時**

「キミって、小学生の時も**〝消しゴムを最後まで使ったことがない〟**タイプだったでしょ」

例

目立った行動をしてしまった人に……

「授業中、校庭に迷いこんだ犬くらいの注目度だったな」

例

うっかりなれなれしい口を利いた人に……

「もしかしたら小学生の時、先生を〝お母さん〟と呼んでしまったことない？」

例

つまらないことではしゃぐ後輩に……

「はしゃぐなよ、給食がソフト麺の日の小学生か！」

例

楽しみにしていたことが寸前でダメになってしまった時……

「好きな子の直前で曲が終わるフォークダンスくらい残念だ」

「たとえツッコミ」と〝あるあるネタ〟のハイブリッド・ツープラトン攻撃ですから、その破壊力は抜群です。

「キンカンの法則」を細分化していけば、ほかにもさまざまな応用パターンがあります。まずはここまでに挙げた9つの基本形をマスターし、使えそうなものからどんどん使ってみてください。

POINT

〝あるあるネタ〟をストックしておこう！

Column 3

おもしろい話の組み立て方

「?→!」は〝S・Q・A・F〟のテンプレートを使え!

おもしろい話は「緊張の緩和」。そうはいっても「いきなり、そうした組み立て方は難しい」と思う方もいるはずです。そう感じる人は、「S・Q・A・F」のフレームワークを使ってみてください。

「本当にあった!?笑える話」というWebサイトにあった次の話をこのフレームワークで組み立ててみましょう。

学生の頃、渋谷のこじゃれたカフェでバイトしてた頃……

ふたりのオヤジがやってきました。

オヤジ1「ここはなかなかおいしいんだよ、これなんかいいですよ」

オヤジ2「ほー、じゃ、俺はこれにしようかな」

そう言うと、オヤジ2はメニューを指差しながらはっきりとこう言った。

「トマトとジルバのスパゲティ」

その瞬間、俺の脳裏には、トマトと麺が踊り狂ってる様が浮かんだ。

(マズイ、ここはこらえろ、笑っちゃイカン!)

などと思っていると、間髪入れずにオヤジ1が

「じゃ、俺はこの『ペロロンチーノ』」

もう限界、っていうか完敗。

そのあまりにマヌケな響きに、俺は注文の確

認もせずにそそくさと逃げるようにその席を後にした。オヤジギャグも困るが、素でボケられても困る。

状況（Situation）

バジルと言えば、学生の頃、渋谷のこじゃれたカフェでバイトしていた頃、ふたりのオヤジがやってきたことがあったんですよ。

謎フリ（Question）

そのオヤジのひとりが、メニューを指差しながらどう言ったと思いますか？

オチ（Answer）

……『トマトとジルバのスパゲティ』

その瞬間に、俺の脳裏には、トマトと麺が踊り狂ってる様が浮かんで、吹き出しそうになったんですけど、そこは「マズイ、ここはこらえろ、笑っちゃイカン！」と思っていたら、間髪入れずにもうひとりのオヤジが「じゃ、俺はこの『ペロロンチーノ』」って（笑）。

フォロー（Follow）

これはもう限界で、思わず厨房に帰って笑っちゃいましたよ。

第4章

おもしろい伝え方の公式③
今より2倍おもしろくなる「伝える技術」

相手の頭に映像が浮かぶように話そう

おもしろい伝え方の公式、最後は伝える技術です。短い話なら、場の空気を読んで、「キンカンの法則」を使って話せば、ある程度の笑いはとれるでしょう。

ですがやや長めの話、たとえば身の周りで起きたおもしろい出来事を人に話す時などは、伝えるテクニックも必要になってきます。

とはいえ、難しいテクニックではありませんので安心してください。伝え方のコツもたったひとつだけ、それはずばり相手の頭の中に映像が浮かぶように話すことです。話を映像化すれば同じネタでも2倍、おもしろくなりますよ。

01

「映像化」すれば、同じネタでも2倍おもしろくなる！

✔松本人志さんの話はなぜおもしろいのか？

おもしろい人の話を聞いていると、不思議なことが起こります。というのも、話しているネタの情景が脳裏に浮かんでくるのです。

ダウンタウンの松本さんの話がおもしろいのも、同じ理由で説明できます。松本さんの話の中には、「車の助手席にいつも座っているゴリラ」や「動物だとバレないようにしながら人間社会で育つキリンの子ども」、「ノリツッコミをするトンボ」といった、現実にはありえないことが出てきます。

ですが、いかにもそこにゴリラやキリンがいるかのように話すので、聞いている私たちの頭の中には、ついその情景が浮かび、そして爆笑してしまうのです。

人は頭の中のスクリーンにおもしろい映像が浮かぶと、つい笑ってしまいます。

わかりやすい例を挙げると、「マンガ」を読んで笑う感覚。小説を読んでも、情景を想像できない人は物語を楽しめませんが、話が絵で理解できるマンガなら、想像力がまだ十分に育っていない幼い子どもでも笑えます。
伝え方がうまい人は、これと同じ原理を使っています。**相手の頭の中に映像を浮かべることができているから、笑いがとれる**のです。

✔描写すれば、相手の頭に映像が浮かぶ

松本さんほどの天才でなくとも、話のおもしろい人は「描写」して話すことに長けています。
次のふたつを比べてみてください。

「日光に行った。天気もよく、紅葉の時期だったからよかった」

「日光に行った。真っ青な秋空に一面の紅葉が映えて、絵のように美しかった」

どちらも旅行の感想ですが、どちらのほうが紅葉の美しさが伝わってきたかといえ

ば、後者ではないでしょうか。

感情を表現する場合も同じ。

「すごく怒った」より、「拳が震えた」、「思わず椅子を蹴飛ばした」のほうが映像が浮かぶため、怒りの強さが伝わりますよね。

「映画に感動した」より、「しばらく席を立てなかった」、「エンドロールの間、涙が止まらなかった」などの言い回しのほうが、どれだけ感動したのかがよくわかります。

「描写」とは、**「ありのままの姿が浮かび上がってくるように、描き出すこと」**。

まるで映画でも見ているかのように映像が浮かび上がってくるよう描き出すことができるかどうかが、話がおもしろくなるか否かを分けるポイント。

相手の頭の中に映像を浮かべることができれば、相手の心を動かすことができるのです。

✔うまく描写するための、たったひとつのコツ

「そうは言っても表現力がないから、うまく描写できない」

そんな方に、まずやってみて欲しいことがあります。

それは、自分が映像をイメージすること。

まず、あなたの**頭の中のスクリーンに、これから伝えたいと思っている情景を動画で浮かべてみる**のです。

たとえば、「いつも助手席に座っているゴリラ」の話をするならば、ほんとうに自分の車の助手席にゴリラがいる場面を想像してみます。

「助手席」、「ゴリラ」と単語を並べるのではなく、映像をイメージしてみてください。

頭に浮かぶゴリラの映像は、これまでに経験してきた断片的な記憶や埋もれた記憶が統合されたもの。ですから、頭に浮かぶゴリラの映像は一人ひとり異なるはずです。

あなたの頭の中のゴリラは、「どういう表情」で「どういう態度」で助手席に座っているのでしょうか。つぶさに観察してみてください。

ちなみに、松本さんの頭に浮かんだのは、横柄な態度で座っているゴリラでした。

「助手席のゴリラ、なんもせへんで。左ハンドルの車に乗って駐車場に行っても、駐車チケットもとらへんねん。伸ばした手をこうして（あごを引いて下目遣いに）見てるだけ」

いかがでしょうか。

イメージした映像が伝わることで、ほんとうに横柄なゴリラがいるような気がして、思わず笑ってしまいますが、それはおそらく、松本さんが実際に映像を頭に思い浮かべて話しているからなのでしょう。

だからこそディテールまでしっかり表現できているのです。

その様子を実況中継のように表現するだけで、おもしろい話になるのです。

✔映像化こそコミュニケーションの極意

ビートたけしさんは、まだ下積みの修業の頃、ある大先輩から笑いの極意を教わったといいます。それが、このひと言。

「頭の中に、先に映像を浮かべること」

話のおもしろい人とそうでない人の違いは、たったそれだけだと言うのです。

つまり、先に自分の頭の中に映像を思い浮かべ、見たままを言葉にする。そうやって伝えることで、相手の頭の中にも同じような映像を浮かばせる。それがコミュニケーションの極意なのです。

ちなみに水道橋博士の話によると、たけしさんは映画のシナリオを口述筆記によってつくり上げるといいます。

「頭の中ですっかりできあがっている映画の映像を思い浮かべながらしゃべっている」のだそうですが、これもたけしさんがいかに映像を浮かべることを得意としているかを物語っています。

さすがに、2時間の映画を頭の中で映像化してしまうことは難しいにしても、人はだれでも頭の中に映像を思い浮かべる能力をもっています。

次の質問を考えてみてください。

「あなたが今乗っている車はなんですか？　何色ですか？」

「あなたのペットは犬ですかネコですか？　毛は何色ですか？」

「あなたはいつもどんなバッグを持ち歩いていますか？　それは

どんなデザインですか？」

これらの質問に答えるために、あなたは頭の中で、映像をつくり出したはずです。

そこで浮かんだ映像をそのまま話す。

たったそれだけでいいのです。それだけで、相手の頭にも映像が浮かぶのです。


ちなみに我が家のネコは、こげ茶色のトラ模様をしているキジトラで、私がキッチンに立つといつも「気をつけ」の姿勢で、目を真っ黒にして真上を見上げ「ゴハーン」と鳴きます。

いかがでしょう、今、頭の中にネコの映像を浮かべながら、この文章を書きましたが、我が家のネコの姿はあなたに伝わったでしょうか？

これを説明文的に「我が家のネコは3歳、雑種の雌で、

模様はキジトラ。食いしん坊だ」と言っても可愛さは伝わりませんよね。

要するに、「事実」ではなく「映像」を思い浮かべ、その動きを描写すればいいのです。

✔ 落語に学ぶ映像化の技術

日本の伝統的なお笑いである落語は、まさにこの極意に則った芸能です。

寄席の観客は、座布団の上の噺家の言葉を聞いて、自分の頭の中のスクリーンに映像を浮かべることで笑っている、というのが落語の原理なのですが、じつは噺家のほうも映像を自らの頭の中に浮かべながら演じています。

落語家の友人によれば、噺に出てくる人物の顔や話している周囲の情景などを思い描きながら稽古し演じることで、実感のこもった話になるのだといいます。

なお、立川談志師匠は、弟子のおもしろくない話を聞いたあとに、こう言ったそうです。

「おまえがしゃべっている場所は、どういう長屋だ？　どういう立て付けで間取りはどうなっている？　どんな着物を着た八五郎がどんな着物を着た隠居と話してんだ？」

これはまさに、映像化の技術。

弟子に、「自分の頭の中でまず映像化すること」の大切さを教えようとしていたのでしょう。

私たちも、だれかから聞いたおもしろい話より、自分が実際に体験した出来事のほうが話しやすいはず。それは映像がありありと浮かぶので、実感をもって話せるからなのでしょう。

POINT

頭の中に映像を思い浮かべてから伝える！
たったそれだけで言葉がグッと強くなる！

02

伝え方に臨場感が生まれる「オノマトペ」の魔法

✔映像化の最強の武器、オノマトペを味方にしよう

ネタを映像化しながら話す際、強い味方となるのがオノマトペです。

たとえば休日を利用して、少し離れた街にある、おいしいと評判のラーメン屋を訪ねたものの、臨時休業だった時の帰り道のことを、こう話すとどうでしょうか。

「落胆のあまりうなだれ、足を引きずるように帰路についた」

（ほんとうにこんな話し方をする人はいないはずですが、）聞かされたほうは「重く」感じてしまいます。

では、こちらはいかがでしょうか。

「しょんぼりして、とぼとぼと帰ったよ」

こう伝えると、肩を落としながら帰る様子が頭の中に映像として浮かびます。

これが「オノマトペ」の効果です。


オノマトペとは擬音語・擬態語のこと。

擬音語とは、「〝ガラガラッ〟と戸を開けた」、「飛行機が〝キーン〟と飛んでいる」などの音を表現する言葉。

「しょんぼり」、「とぼとぼ」などが擬態語です。

オノマトペを普段の会話に意識的に混ぜるだけで、ユーモラスな雰囲気をかもし出すことができるようになります。

そして、相手の頭の中に思わず映像が浮かぶため、言いたいことが伝わりやすくなるのです。


たとえば、職場の後輩にひと声かける時、「手際よく仕事を片付けよう」と言うよりも「パパッと仕事を片付けよう」のほうが、相手の心に響きます。

あるいは、こんな伝え方もできそうです。

「パパッと片付けて、キンキンに冷えたビールでもグビグビッとやろうぜ」

「キンキンに」、「グビグビッと」というオノマトペのおかげで、後輩の頭の中には冷たい汗をかいた生ビールのジョッキの映像がありありと浮かぶはず。やる気も出るというものです。

また、オノマトペを使えば、微妙なニュアンスを短い言葉で伝えることができます。言葉ではうまく表現できない気持ちなどはオノマトペを使うといいでしょう。

ほかにもオノマトペには、相手を〝その気〟にさせる効果もあります。

たとえば社内の飲み会に誘っても、「それ、仕事っすか？」と返してくるマイペースな後輩に声をかける時。

「会場はエビチリと餃子のおいしい中華料理店だよ」

と事務的に言うよりも、オノマトペを使ってこう伝えたほうが、マイペースな後輩も思わず映像が頭に浮かんで行きたくなるはずです。

「ぷりっぷりのエビチリと、肉汁がジュワーッと口に広がる餃子が評判の中華料理店が会場だよ」

✔オノマトペはマンガに学べ！

臨場感のある、イキイキした伝え方に必須のオノマトペ。

では、どういう時にどんなオノマトペを使えばいいのでしょうか。

参考にしたいのは **「マンガ」** です。

マンガでは、効果音から人の心情までが、幅広くオノマトペによって表現されています。「おもしろい伝え方」のヒントがあふれる、いわば **オノマトペの宝庫** です。

たとえばアニメ化、映画化もされた人気マンガ、『カイジ』（福本伸行著、講談社）。

ここで出てくる、〝ざわ・・ざわ・・〟は、「戸惑い」以上「騒然」未満な場の雰囲気をわかりやすく表現しています。

こうした絶妙なオノマトペの表現を会話に利用してみてはいかがでしょうか。

「それほど騒然とした雰囲気ではなかったけど、新しい人事の発表のあとは、場が**〝ざわ・・ざわ・・〟**としたね」などと話せば、その場の雰囲気が、さらによく伝わるはずです。

✔オノマトペを使いこなすコツ

オノマトペの使い方は、とても簡単。

あなたの感覚をそのまま言葉にして表すだけです。

「光った」ことを伝えるなら「ぴかぴか」、「きらきら」、「てかてか」、「ちかちか」、「ピッカーッ」など、光ったものを見た時の感覚を、そのまま言葉にしてみましょう。

感じたままに表現すればいいのですから、普段よく使われる言葉でなくても構いません。「びかびかっ」と光ったでも、「ほわほわっ」と光ったでも、感じたことを素直に表現してみます。


このように自分でオリジナルのオノマトペをつくって、使用するのも効果的。芸人の宮川大輔さんは、「擬音マジシャン」の異名をもつほど、オリジナルのオノマトペを活用しています。

フライパンを山に投げた時の擬音は「ゆんっ！」。

小麦粉を奥さんの顔にぶちまけた時は「ザッサーン」。

イノシシが山から転がり落ちてきた時は「くるくるべんっ！」。

どれも、その場の雰囲気がよく伝わってくると思いませんか？

「オリジナルのオノマトペ」は、「自分だったらそれを聞いてどう感じるか」をもとにつくればいいのです。


たとえば、次の擬態語を聞いたら、あなたならどう感じますか？

「フラフラと歩いていた」

「ブラブラと歩いていた」

「プラプラと歩いていた」


「フラフラと」は、ちょっと夢遊病っぽい、「さまよう」イメージがありますね。「A子は失恋のショックで銀座の街をフラフラとさまよった」といった具合です。

「ブラブラと」は、当てもなく暇をもてあましている感じでしょうか。

「プラプラと」は、ブラブラがより軽くなるイメージです。なぜか不良少年っぽい、やさぐれた感じもあるかもしれません。


また、オノマトペは語尾によっても他人に与える感じが微妙に変わってきます。

たとえば「涙がポロッ」なら、ためていた涙が一滴だけ落ちた瞬間を切り取った表現ですが、「ポロリ」はその一滴がもっとゆっくり、スローモーションのように落ちる映像になります。「ポロン」ならば、表面張力でまん丸になった大粒の涙がこぼれたような、どこかユーモラスな描写になりますし、「ポロポロ」とくり返すと、続けざまに涙があふれている、現在進行形のニュアンスになります。

このように、濁音や半濁音、語尾のちょっとした違いで、まったくニュアンスが変わってくるのが、オノマトペのおもしろいところです。

伝えたいことを的確に表現するオリジナルのオノマトペを使いこなせると、あなたの話がさらに魅力的になりますよ。

POINT

オノマトペは
感覚をそのまま表現するだけ!

03

ディテールが「おもしろさ」をつくる

✔映像化して伝えるもうひとつのポイント

相手の頭に映像が浮かぶように伝えること。それが、「おもしろい伝え方」の最大のコツでしたが、臨場感が増すオノマトペのほかに、もうひとつポイントがあります。

それは、**ディテールまでしっかりと具体的に話す**こと。

なぜ具体的に話すのがポイントなのかを実感するために、次のふたつの文章を読み比べてみてください。

「自分にそっくりな顔の犬を散歩させているおじさんを見た」

「昨日の朝、代々木公園を歩いていたら、前からブルドッグを連れた角野卓造そっくりのオッサンが歩いてきたんだよ。ふとそのブルドッグを見たら、ブルドッグも角野卓造そっくりで思わず笑っちゃって」

どちらのほうが、頭の中に映像が浮かんだでしょうか。

抽象的な話を聞いても映像は浮かびませんが、ディテールまできちんと具体的に話せば話すほど、聞き手の頭に映像が浮かびやすくなるのです。

✔体験談をおもしろく伝えるには？

ディテールまで具体的に伝えることは、特に体験談を話す時に効果的。

もちろん聞き手にとってどうでもいい瑣末なことまで話す必要はありませんが、最低限、**４Ｗ１Ｈ（「いつ」、「どこで」、「だれが」、「なにを」、「どうした」）**を具体的に話すようにすると、一気に伝わりやすくなるはずです。

たとえば「お勧めの安くておいしいレストランを見つけた」というあまりおもしろみのない話を、４Ｗ１Ｈに沿って具体的に伝えるとこうなります。

「昨日の昼**（いつ）**、表参道の路地裏にある〝××××〟というイタリアンで**（どこで）**、俺が同僚の山田と**（だれが）**、スパゲティ・カルボナーラを**（なにを）**

食べたら、これがもう無茶苦茶おいしくて。イタリアン好きな山田も〝これはすごい〟って感激して、あいつ思わずおかわりしてんだよ**（どうした）**。それで値段は980円、これはお勧め！」

固有名詞や数字なども交えながら具体的に伝えると、さらに情景が浮かびます。

なお、おもしろく伝えたい時には**「why（なぜ）」は隠したほうが無難**かもしれません。

「表参道にある取引先との打ち合わせがあったんだけど、早く着いたからランチをすることにした」などと、経緯を話されても、「だからなに？」と言いたくなるのが聞き手の正直な気持ちです。

「5W1H」のすべてを話すのではなく、あえて「4W1H」に留めることで、印象はグッと変わりますよ。

✔落語に学ぶセリフの演じ分け

体験談を話す時は、「○○がこんなことを言った」など、言われたセリフを伝える場合もあるでしょう。ここでも、ディテールにこだわることで、聞き手の反応はまるで変わってきます。

ここで参考にしたいのは、ずばり落語。

落語は、会話形式による一人芝居ですが、**説明がなく会話だけで進むからこそ臨場感が高まり、観客は感情移入する**のです。

日常会話やちょっとしたスピーチでも、落語のような会話形式を意識的に取り入れてみましょう。

特に、複数の登場人物が登場する場合は、それぞれを演じ分けるのもポイント。同じセリフでも、具体性が増し、頭に映像が浮かびやすくなるはずです。

たとえばこんな具合です。

「昨日、うちの奥さんの誕生日だったんだけど、すっかり忘れていて怒られたよ。でも、なんとかごまかしたんだけどね」

こう言っても、どのように怒られたのか、どのようにごまかしたのかが、まったく伝わりません。

残念ながら、これでは聞き手の頭に映像が浮かぶことはなく、「ふーん、それで?」という寂しい反応になってしまうのがオチです。

しかし、これをセリフ化するとこうなります。

「昨日、奥さんの誕生日だったんだけど、すっかり忘れていてさ……すると奥さんが〝なによ、結婚当初は毎年、誕生日を祝ってくれたのに、最近はちっとも祝ってくれないじゃない!〟って怒ってさ。〝うわ、これはまずい〟って思って、とっさに〝だってキミ、ちっとも歳をとらないじゃない〟って言ったら笑ってくれて、なんとかごまかせたよ」

ここで、奥さんの声や口調の特徴を少しマネすると完璧です。
それだけで、聞き手はグッと引き込まれるはずですよ。

POINT

ディテールが
話をおもしろくする！

04

映像は、多少デフォルメするからおもしろい！

✔デフォルメ、演出、盛り方でもっとおもしろくなる！

さらに話をおもしろくするためには、多少の演出をするのもいいでしょう。

たとえば、田舎道を自転車で走行中、前輪になにかが引っかかり川に落ちたというエピソード。これは私の中学時代の実話で、実際は、横に倒れて、身体が少し濡れただけでしたが、だれかに話す時には、こんなふうに表現しています。

「前輪が止まったものだから、身体が放り出されて、水泳の飛び込みのように真冬の川に頭から突っ込んだ」

起こったまま、ありのままに話すのではなく、大げさにデフォルメして表現したほうが映像的にはおもしろい。話してもウケ方が違ってきます。

こうして、やや大げさに伝えることを、お笑いの世界では**「話を盛る」**と言います。

例に挙げたように、まったくのウソでなく自虐的なものであれば、多少盛るのもOK。これもおもしろく伝えるテクニックです。

✔正しい話の盛り方——9割は事実、残りはウソ

大げさな表現だけでなく、「オチ」が弱い時に盛るのもアリ。

MBS放送のラジオ番組「ヤングタウン土曜日」（2014年10月18日放送）で、明石家さんまさんがモーニング娘。の飯窪春菜さんに、トークでのオチのつくり方を指導していました。とても参考になるので、引用します。

さんま：大昔、若村麻由美さんから根室のさんまをいただいて。それで、物凄いエエさんまで、家で焼いたら、火災報知機が鳴ってしまって。そしたら、凄い煙が窓から出て。窓開けたのが余計アカンかったみたいで、消防車が来たんです。

春菜：ええ?!

さんま：消防士がホース持って、ウチの家に来たことあるんですよ。「すみません、

火災報知機止めたんですけど、さんま焼いてたんですよ」って言うて。そしたら、消防士さんがプって笑いよったんですよ。

春菜：ふふ（笑）

さんま：「ほんとうですか？」とか言うて（笑）「ホンマにさんま焼いてたんですよ」って。向こう、ニヤニヤ、ニヤニヤしてて。「ホンマ、大丈夫です。すみませんです」言うて。「せっかく来たのになぁ」とか言うて。

春菜：仕事したかったんだ（笑）

さんま：「大丈夫でなによりです。どうしようかなぁ。すみません、このホースにサインしていただけませんか？」って言われた……って話をしたんですけど。この、「ホースにサインしていただけませんか？」っていうのは、ウソなんですね。

春菜：へぇ（笑）

さんま：その話を、『いいとも』でしたんです。さんま焼いてて、煙が出て火災報知機が鳴って消防士が来たってところまではほんとうなんです。それで、「このホースにサインしてもらえませんかね」っていうのは、脚色なんですね。

（※引用　Ｗｅｂサイト「世界は数字で出来ている」2014.10.19）

「9割は事実」。それがポイントです。

あまり盛りすぎると「つくったネタ」のにおいがし、リアリティがなくなります。「自転車から放り出されて、川に頭から突っ込んだ」くらいならよいのですが、「自転車から放り出されて、100メートルは飛んだ」と言ったら、いかにもつくり話になってしまいます。

芸人なら、それもアリでしょうが、私たちは**「いかにもありそう」な範囲に留めながら話を盛る**のが得策です。

目指すのは、「ちょい盛り」です。

さんまさんの話も9割は事実、だからこそリアリティがあるのです。

9割の事実に1割ほどのちょい盛りを目安に考えてみてください。

POINT

デフォルメの黄金バランスは、9割事実、1割のちょい盛り

第5章

シチュエーション別おもしろい伝え方

シチュエーション別
「おもしろい人」の伝える技術

さて、伝え方の公式をひと通り身につけたあとは、いよいよ応用編。

ここからは、シチュエーション別に「おもしろい伝え方」のコツを紹介していきます。

＊雑談

＊SNS

＊スピーチ

＊自己紹介

＊プレゼン

シチュエーションは変われど、原理はやはり「緊張の緩和」。

どのように応用するか、そのポイントを一つひとつ見ていきましょう。

01

おもしろい「雑談」は落語のマクラに学べ！

✔ 雑談力のヒントは落語にある！

うまい雑談ができるようになりたい――そう思う方は多いでしょう。

確かに雑談は、初対面の人との距離を縮めたり、会議などのかしこまった場面で、場の緊張をほぐしたりしたい時などに欠かせないコミュニケーション手段です。

また、商談や打ち合わせでも、いきなり本題から始める人は少ないはず。まずは雑談から始めて、徐々に本題に移るほうがスマートです。

言葉で説明するのは簡単ですが、実践しようとすると非常に難しいのが雑談。コミュニケーションに自信のなかった私も、その気持ちはよくわかります。

そうした人にお勧めしたいのは、ずばり落語を聴くことです。

もしかしたら本を何冊も読むよりも、一日寄席で落語を聴いたほうが雑談力は高まるかもしれません。

注目して欲しいのは、落語家が話す「マクラ」。

「マクラ」とは、落語家が演じる噺の冒頭に振られる、まさに「雑談」です。話芸のプロフェッショナルが話す雑談ですから、多くのヒントが得られるはずです。

✔落語家はどうやってマクラの話題をつくっているのか

商談でいきなりビジネスの話をする人がいないように、高座に登場した落語家がいきなり落語のネタを始めることはあまりありません。

まずは「めっきり冷えてきましたね」といった季節の話題などを振って、そのあとに「いや私の懐の話なんですが」と笑いを誘ったり、「このところいいお天気が続いていいですねえ」などと天気の話題を振ってから、「こんな天気のいい日にひとりで寄席に来るなんてよほど家族に嫌われているんですね」などと落としたりしながら観客を惹きつけ、自然に演目へと入っていくのです。

雑談でオチをつける必要はないものの、〝落語家がどんな話題で話し始めるか〟に注目してみてください。

「季節」や「天気」の話題で始める人もいれば、「ニュースや芸能ネタなどのタイムリーな話題」や「最近、こっている趣味」、「家族の話題」、「今日寄席に来るまでに見聞きしたこと」など、落語家がマクラで最初に話す話題は、そのまま私たちの雑談でも使えるものです。

これらに共通するのは、その場にいる観客と「共有・共感できる」ものであること。雑談でも必ず、その場にいる相手と**「共有・共感できる話題」**を選んでください。

✔聞き手のレベル、コンディションを見極める

落語のマクラでは、最初の「つかみ」で共感を得たあと、次にちょっとした小話を披露します。

その目的はふたつ、**「ウォーミングアップ」**と**「お客さんのレベルを見極めること」**です。

まずは、本題（落語の場合は演目）に入る前に、場を温めて、お客さんが笑いやす

い空気をつくります。雑談でも、最初に相手の笑顔を引き出せると、場の空気がほぐれ、本題に入りやすくなりますよね。

こうした場を温め、本題に入りやすくするウォーミングアップの重要さもさることながら、落語家がさらに大事にしているのが、「お客さんを見極めること」。

落語家は、その日に話す演目を事前に決めているわけではありません（もちろん、事前にプログラムが決まっているケースもあります）。特に寄席では、前の演目やその日のお客さんの状況によって、これから話すネタを決めることがあります。

たとえば、春風亭小朝師匠は、以前こうした小話をよくやっていました。

子ども「母さん、アメリカって遠いの？」

母親「いいから……黙って泳ぎなさい」

ちょっと考えさせる小話で、その日のお客さんの「笑いの感度」を計っていたと考えられます。笑いが少なければ「今日はわかりやすい噺にしよう」などと判断していたのでしょう。

雑談も、相手の感度に合わせて話すことがとても重要です。

たとえばＩＴ企業に勤めている方であれば、ちょっとした会話で相手にどの程度のＩＴリテラシーがあるのか判断できるはずです。相手のレベルを把握して、それに合わせて話さなければ、どんなにいいネタを振っても盛り上がることはありませんので要注意。

相手の知識レベルを把握するもっとも簡単な方法は「質問」をしてみることです。相手の知識レベルを知りたいならば、ストレートに「××って聞いたことありますか?」と尋ねてみましょう。シンプルな方法ですが、相手の知らない話を一方的にしてしまうくらいならば、先に確認したほうが安全です。

✔ 雑談とは本題につなげる「フリ」である

マクラを通して演じるネタを決めた落語家は、その次に本題と同じジャンルの小話を始めます。ケチな主人公が出てくる演目なら、さまざまなケチの小話、泥棒のネタなら泥棒の小話といった具合です。

そして、「まあ、世の中には間抜けな泥棒もいるもので……〝親分、ただいま戻りました〟」などと、聞き手が気づかないほど自然に本題（演目）へとつなげていくのです。

これもぜひともマネしたいもの。

雑談で相手との距離を近づけるだけでもいいのですが、せっかくならば成果につなげたいもの。ですから、ここで落語のスムーズに本題へと移行するテクニックを使います。

たとえば「スケジュール管理ツール」をプレゼンする前だとしたら、「オフィスをちょっと拝見しましたが、活気があって、みなさんお忙しそうですね」などといった雑談から始めて、スケジュール管理の話題で盛り上がりながら、管理ツールへと話を移していく。「営業管理ソフト」を提案したいなら、「今日は御社の営業のHさんの姿を見かけませんが、外回りですか？」などといった話題から本題に入るのもいいかもしれません。

自然に本題に入る話の移行の仕方、そして間合いの取り方も、落語を聴けば学べます。

雑談力アップには落語が効くのです。

POINT

ネタの探し方、話の振り方、展開の仕方……
雑談のコツは落語に学べ！

02

おもしろい「SNS」はあげてオトす！

✔おもしろくなれば「いいね！」が集まる

フェイスブックなどのＳＮＳでも「おもしろい人」と思われて、できれば「いいね！」をいっぱい押してもらいたい。

そう思うのが人間というものです。

そんな私たちがまずやるべきことは、「ウザい」と思われない投稿をすること。

ではどういう投稿が「ウザい」と思われてしまうのか。

投稿の目的も、その受け取り方もさまざまですから一概には言えませんが、おそらく**多くの人が好まないのが、「〝俺ってすごいんだぜ〟自慢」**です。

「今日は三つ星レストラン××でのディナー」とか、「久々の休日、××ホテルのプールで汗を流す」、「今日は愛車（＊写真に高級車の一部を載せる）で横浜へ」などの投稿がそうでしょう。

セルフ・ブランディングやイメージづくりのためかもしれませんが、会話をしていても自慢話は嫌がられるのですから、SNSで「ウザい」と思われるのも当然です。

こういう時に使えるのが、「キンカンの法則」の実践編のひとつ、「自慢→自虐」のパターンです。

たとえば「三つ星レストラン××でのディナー」ならば、その最後に「おいしかったのですが、なぜか帰宅後にお茶漬けを食べました（笑）」などと添える。

もっとオトすなら「腹はふくれたものの財布がやせた」とコメントするのもいいでしょう。

写真には輝くシャンパングラスやワイングラス。いかにもセレブ自慢といった緊張感を与えたうえで、やや自虐っぽいコメントで緊張を緩和するのです。

私も以前、フェイスブックに「今日はこの春、社会に出た長女の給料日で、娘に焼き肉をごちそうになりました」と投稿したことがありました。

ここで、「娘の成長に感激しました」と続ければ、ただの「いいお父さんアピール」。

それでは、おもしろくないうえにウザいだろうと思い、こんなひと言を添えました。

「ただし、〝父の酒代は別〟だそうです」

まあ、実際にそう言われたから書いたのですが（笑）。

このように、少しオトして緊張を緩和するだけで自慢が自慢ではなくなります。

フェイスブックへの投稿がついつい自慢ばかりになってしまいがちな人は、ぜひ試してみてください。

きっと「いいね！」やフォロワーが増えるはずです。

POINT

自慢したくなったら、ちょっとオトす！

03

おもしろい「スピーチ」はウケを狙わない！

✔ビートたけしさんの爆笑スピーチ

結婚披露宴でのスピーチ。

みんな、気の利いたスピーチで新郎新婦の門出に花を添えたいと思って話しているのでしょうが、長すぎたり、ボソボソとなにを言っているのかわからなかったりと、なかなかうまくいかないケースがほとんどです。

しかし、時折、式場内を爆笑の渦に巻き込む人がいます。

私も2011年、二代目林家三平師匠と国分佐智子さんの結婚披露宴でビートたけしさんがふたりに送った毒舌まみれの祝辞を聞いた時は、腹の皮がよじれるほど笑いました。

あまりにおもしろかったので、テレビでは危なすぎて放送することができなかった部分も含め、その中身をご紹介しましょう。

三平さん佐智子さん。このたびはご結婚おめでとうございます。

わたくしも、今日のこのおめでたい席に出席するにあたり、数々のヤクザの営業、イベント、または黒い交際などをしっかりと断ってやってきた次第でございます。

あなたは海老名秦一郎、香葉子の次男として、姉・海老名美どり、泰葉、兄・泰孝、たくさんの水子、これらのあとによくぞこの世に生を受けました。

親が林家三平というだけで、その名跡を継ぐだけならまだしもこんなキレイな嫁さんまでもらってほんとうにうらやましいかぎりです。こんな不平等があっていいんでしょうか。わたくしは今日から共産党に身を投じます。

なんでも、三平さんと佐智子さんの出会いは、あのＴＢＳの長寿番組『水戸黄門』での共演がきっかけと聞きます。

共演者の佐智子さんに手をつけたあたりはさすがちゃっかり八兵衛と思わせましたが、その結果、あの長寿番組の『水戸黄門』を見事に終わらせてしまうという、うっかりも甚だしい現実を見過ごすわけにはいきません。

結びに、芸能界のおしどり夫婦として有名な私から花嫁の佐智子さんに、女房として守らなければならない三つの袋の話を贈ります。

まず一つめは池袋。これは都内どこへ行くにも便利です。それがダメなら沼袋。これは新宿に出るのにやや近い。そして三つめは玉袋。玉がダメになったら子どもができません。

もしダメな場合は私に相談してください。うちの近所にいい医者がいます。ちょっと入り組んだ路地の奥にあります。これを我々は袋小路と呼んでおります。

以上をもちましてお祝いの言葉とかえさせていただきます。


結婚披露宴というだれもが緊張する場で、こうして毒舌を吐くこと自体がとてつもない「緊張の緩和」になり、爆笑を生むわけですが、たけしさんは細かい部分にも随所に「キンカンの法則」を使って笑いをとっています（どこにどう「キンカンの法則」を使っているのか、じっくり読んで蛍光ペンなどでチェックしてみるのもいいかもしれません）。

✔スピーチでは、ウケを狙わないほうがウケる

たけしさんのスピーチは、私たちがそのままマネできるものではありません。

しかし残念なことに、親しい友人の結婚披露宴などで、毒舌や下ネタを交えてウケを狙って、大きくスベってしまう人がいるのも事実です。

たとえどんなに出席者と気の置けない仲であったとしても、結婚式などの**改まった場面での「ウケ狙い」は大ケガのもと**。

過去の暴露話や下ネタなどの下品な話は、話す本人だけでなく、スピーチを依頼した人の人間性まで疑われてしまうことになります。

くり返しになりますが、ウケを狙うからスベるのです。

ほんとうにおもしろい人は、セレモニーでのスピーチというかしこまった場面でも、**あくまで自然体**を心がけています。

実際に私が拝聴して、「この人、うまいなあ」と思ったスピーチを紹介します。

彼は新郎と小中高を一緒に過ごした幼なじみで、司会者から「新郎Aさんのご友人の○○さんから友人代表としてスピーチを頂戴します」と紹介されて、マイクの前に立ちました。しかし、笑顔を見せることもなく、どこか表情が硬い。

そうして切り出したのが、この言葉でした。


Aくん、Bさん本日はご結婚おめでとうございます。

スピーチを始めさせていただく前にひとつ訂正がございます。

司会者の方から友人代表とご紹介いただきましたが、私は……、新郎のAくんのことを友人だとは思っておりません。


この言葉に式場内には、ちょっとした緊張感が漂いました。

オノマトペで表すなら、まさに「ざわ・・ざわ・・」。

しかし新郎の友人は、いったん冷静にそんな会場の雰囲気を見渡したあと、硬い表情から一転して、笑顔になり、こう続けたのです。

私にとってＡくんは友人ではなく、ライバルです。

小学生の頃は少年野球で、中学高校では野球部でエースの座をずっと争ってきました。

しかし常にエースナンバーはＡくんのものでした。私はいつもＡくんの後塵を拝してきたわけです。

そして今日も、どちらが先に結婚するかの勝負に敗れてしまいました。

しかも、こんなに美しい新婦、もはや完敗です……。

ここまでお読みいただいたあなたなら、この時の友人のスピーチが、「キンカンの法則」に従っていることにお気づきのはず。

まず「友人ではない」という言葉で緊張を高めたうえで、それを緩和させる。彼のスピーチに万雷の拍手が起きたのは、言うまでもありません。

セレモニーには元々緊張が漂っています。

こうした時は、心からの「おめでとう」の気持ちを笑顔に乗せながら、あなただけが知っている心温まるポジティブなエピソードを話すだけで、緊張感が緩和され、自然な笑いが起きるはずです。

POINT

オフィシャルな場ではウケを狙わない！

04

おもしろい「自己紹介」はギャップがある！

✔「キンカンの法則」を自己紹介に活かす

続いては「自己紹介」をおもしろくするコツです。

新しく入った会社、新たに異動した部署などといった仕事のほか、合コンやパーティなど、さまざまな場面で求められるのが自己紹介。

苦手意識がある人も多いかもしれませんが、「キンカンの法則」を使うと第一印象が格段によくなりますよ。

まず前提として、自己紹介が求められるシチュエーションでは、**あなたがどういう人物なのか、聞き手はほとんど知りません。**

ですから当然、心のどこかに警戒心をもっています。

自己紹介ではそんな警戒心、つまり緊張を緩和させればいいのです。

しばしば、「自分をよく見せよう」と、〝どや顔〟で前職のネームバリューのある企業名を出したり、「いかにやり手だったか」などをアピールしたりする人がいますが、それは逆効果。さらに緊張を高めるだけです。

警戒心を緩和させるには、笑顔がもっとも効果的。

大切なことなのでくり返すと、笑顔はヒトがまだサルだった頃、相手に敵意がないことを示すため歯を見せたのが始まりだったのですから、笑顔がもっとも効果的だというのは納得がいきますね。

さらに人は弱点をさらされると警戒心を解きます。

これも犬が弱点である腹を見せる「腹見せ」と同じ。骨格で覆われていない腹部や喉は動物にとっての弱点です。弱点を見せることで、相手に対して警戒心がなく全幅の信頼を置いて安心しきっているとアピールしているのです。

人間も同じで、弱点を見せることは相手を信頼していることを示す行為なのです。

ですから、自己紹介では、初対面の人に**「自分の弱点＝苦手なもの」**を告白するのも効果的。

たとえば、身体の大きな人が「こう見えてハムスターが苦手な××です」と言ってもいいでしょうし、目鼻立ちの整った外国人っぽい顔の人が「こんな見た目なので、よく外国人観光者の方に道を聞かれますが、ジェスチャーでしか会話できない○○です」などと話すのも効果的でしょう。

あなたの第一印象はどういうものでしょうか?

それを考えたうえで、もっとも見た目とギャップがある弱点を話してみましょう。見た目とのギャップがあればあるほど、緊張が緩和される落差が大きくなります。意外性を狙いましょう。

見た目以外にも、名前を使って、「珍しい名字ですが、平凡な△△」などと落差をつける手もあります。有名人と同じ名前なら、その人と自分とのギャップを話すのもいいですね。出身地の田舎ぶりや実家の変わった商売の話も、初対面の人の警戒心を解き、安心させるネタになりそうです。

POINT

自己紹介は〝ギャップのある弱点〟を話す

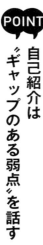

05

おもしろい「プレゼン」は、テレビショッピングに学べ！

✔ 人は、商品よりも「未来」を買う

プレゼンは、ビジネスにおいて非常に重要なもの。

いくら「おもしろいプレゼンをしたい」と思っても、**ウケ狙いに走らないほうが得策**です。

もちろん、冒頭におもしろいジョークでも言って場を和ませることができれば最高ですが、これはかなりの高等技術。スベるリスクや、スベったあとの失地回復、巻き返しのフォローの大変さを考えたら、やはりウケ狙いはやめたほうが無難です。

そもそも、聞き手にとっての「おもしろいプレゼン」とは、「ぜひ、その提案を採用したい！」、「ぜひ、そのシステムを導入したい！」、「その商品を使ってみたい！」と感じるプレゼンのこと。

ではどうしたら、そのようなプレゼンができるようになるのか。

お手本にしたいのは、「テレビショッピング」です。

テレビショッピングでは、視聴者が現物を見て買い物をするわけではありません。そこで、購買意欲をかきたてるために、商品を購入したあとの未来を映像で見てもらいます。たとえばダイエット器具ならば、ウエストがきつくなってはけなくなってしまったジーンズがはけるようになった人を見せることで、視聴者に「あなたの未来もこうなるのですよ」と呼びかけています。

テレビショッピングでは、**視聴者は「商品」ではなく「未来」を買う**。

プレゼンもそれは同じです。プレゼンを聞いている人も、あなたが提案したプランや商品を採用したあとの未来が素晴らしいものであれば納得するはずです。

ですから、ロジカルな説明やデータに加えて、提案を採用したあとの未来を相手の頭に映像として浮かべることができれば「おもしろいプレゼン」になるはずです。

ここでヒントになるのが、4章でご紹介した「映像化」して伝える技術。

まず自分自身で未来の映像をイメージしたうえで、それを相手に伝えるようにしましょう。

そうすれば相手の頭にも、映像が浮かびやすくなります。そうしたプレゼンならば、

「おもしろい！　採用！」となること、間違いありません。

✔TEDに学ぶ「プレゼン×ユーモア」

もちろん、その合間にユーモアを交えてプレゼンすることができれば最高です。

実際に、TEDのプレゼンなどを見ていると、うまい人のプレゼンには必ず笑いが起きています。

TEDは、テクノロジー、エンターテインメント、デザインの3つの分野から感動や衝撃をもたらすアイデアを紹介し、さまざまな分野の人物がプレゼンを行なうイベント。そのオーガナイザーでもあるジェレミー・ドノバンが書いた世界最高レベルのプレゼン術を紹介する本、『TEDトーク　世界最高のプレゼン術』（ジェレミー・ドノバン著、中西真雄美翻訳、新潮社）には、「笑いは宝と考えよ」としたうえで、プレゼンのコツが次のように書かれています。

「自虐的なユーモア」を放ったり、「事実を大げさに語ったり」、「権威をこきおろし

たり」するユーモアを、一分に一度か二度入れること。そうすることで聴衆はリラックスできて、あなたの話をより理解するようになる。

ここでの、「自虐」、「大げさに盛る」、「権威→失墜」は、まさにここまでに紹介してきた「キンカンの法則」そのもの。

あなたも「キンカンの法則」をフル活用すれば、笑いを織り交ぜたプレゼン原稿をつくることができるはずです。

目指すのは、最低でも３分に一度は笑いをとること。笑いがとれれば、おもしろいようにあなたのプレゼンが採用されるようになるかもしれません。

POINT

未来の映像化とキンカンの法則でプレゼンはもっとおもしろくなる！

Column 4

ユーモアがある人はアイデアマンだ！

アイデアと笑いの関係

拙著『インクルージョン思考』（大和書房）にも書いたことですが、アイデアとユーモアの発想法には、数多くの共通点があるのです。

みなさんの周りでもアイデアマンはユーモアのセンスがある人が多いはずです。なぜならアイデアの発想には異質の材料を結びつけることができる抽象化能力の高さが要求されますが、それはユーモアにも言えることだからです（これについては次の章で詳しく紹介します）。

組織を率いるリーダーにとっては、ユーモアのセンスの有無がそのチームの成果を大きく左右します。

アイデアが必要とされるテレビ業界の現場に長年いて感じることですが、笑い声がひとつも聞こえない現場から、素晴らしいアイデアが生まれることはありません。脳の神経回路は、楽観的に物事をとらえていないと潜在能力を発揮できないようにできているといいます。ですから、ユーモアセンスのかけらもない強面のリーダーのもとで部下が萎縮してしまっているような環境では、イノベーションは決して起きないのです。

これまで以上にアイデアが求められる時代の今こそ、リーダーには、部下の才能を引き出すためのユーモアが必要なのです。

第6章

今よりもっとおもしろくなる！おもしろい人の習慣

日頃の〝習慣〟がユーモアセンスを磨く！

ここまでは伝え方のコツを紹介してきましたが、最後に、ユーモアセンスを磨くコツを紹介していきます。

もちろんセンスがなくても、スキルとテクニックでおもしろい伝え方はできるようになります。ですがそこにセンスが加われば、向かうところ敵なし……とまでは言えないにしても、あなたの強力な味方となるはずだからです。

千里の道も一歩から。

ゆっくりとでも構いません。

今よりもっとおもしろくなるための習慣を自分のものにしていきましょう。

01

おもしろい人は、日頃からネタを集めている

✔おもしろい人が「おもしろい出来事」を引き寄せる理由

笑福亭鶴瓶師匠。落語家であり、言わずと知れた笑いの達人ですが、テレビ番組で、よく身近なところで起きたおもしろいエピソードを披露しています。

「今日ここに来るまでに、こんなおもろいオッサンがおったんですわ」

まるで鶴瓶師匠には笑える出来事が引き寄せられているかのように感じるほどです。どうしていつも鶴瓶師匠の周りではおもしろいことが起きるのか。その理由は、師匠のある習慣にありそうです。

雑誌「日経ビジネスアソシエ」（2006年4月4日号）の記事によると、大阪〜東京を仕事で行き来することが多い鶴瓶師匠は、新幹線内で必ずネタにできるようなおもしろい人や出来事を探すそうです。

そうして見つけた「今日はこんなおもろいことがあった」といった出来事を、毎日ノートに記入しているのだとか。

記事によると、鶴瓶師匠の周辺では1年間でなんと５８４個のおもしろいことがあったそうです。

鶴瓶師匠は、この習慣を20歳の頃から約45年間、毎日続けてきたといいますから、1年で５００個としてもノートには２万２５００個のおもしろいことが記されている計算になります。

それを何度も読み返し、すべて頭の中に入れておく。

すると、どんな場面でもその場に最適なネタが、すっと浮かんでくるそうです。

こんな地道な努力の積み重ねが、鶴瓶師匠を「笑いの達人」にしていたわけです。

鶴瓶師匠のこの姿勢、ぜひ、私たちも見習いましょう。

おもしろいことが起きるのを待つだけでなく、積極的に探す。

その姿勢が、おもしろいことを自然と引き寄せるのです。

✔メモの習慣が、あなたをもっとおもしろくする！

なにかを見つけたら、それをすぐ書き留めること。

これも鶴瓶師匠から学べることとです。

「あっ！」と思ったら即座にメモ。そうでないと新しいことを見つけたそばから、忘れていってしまいます。

メモができない時は、携帯電話のメモ機能を利用して、声で録音しても構いません。ただし、できれば手書きをお勧めします。手書きでメモをとると脳が活性化されるからです。

メモですから、箇条書き程度で構いません。先にあげた4W1H（「いつ」、「どこで」、「だれが」、「なにを」、「どうした」）だけでも大丈夫です。これらの材料があれば、映像化できる話を組み立てることができます。

メモをちょっとした空き時間などにパラパラ開き、記憶の片隅に焼き付けておくとさらに効果的。それをくり返すうちに、会話が途切れた時などに「そういえば、この前、おもしろいことがあって……」と、自然とネタを思い出して話せるようになるのです。

ちなみに私の場合、最近はスケジュール帳以外のメモ帳を持ち歩くことはなくなりました。

その代わりに使っているのが「付せん」です。

一度に複数の番組を担当し、さらに本を書くためのアイデアを考えなければならないため、メモ帳代わりのノートを持ち歩いていた頃は、何冊も何冊も持ち歩かなければなりませんし、情報の整理が大変でした。

付せんならば、外でメモしたことをデスクに帰ってジャンル別のノートに貼るだけで自然と情報を整理することができてお勧めですよ。

POINT

おもしろいネタには自分から出会いに行く！
メモの習慣がユーモアセンスを磨く！

02

おもしろい人は、想像力を鍛えている

✔読書の習慣がユーモアを鍛える

松本人志さんやビートたけしさんがそうであるように、おもしろい人は「想像力」が卓越しています。想像力を駆使して、映像をありありと思い浮かべることができるから、ディテールまでおもしろいトークができるようになるのです。

ではどうやったら想像力を鍛えることができるのでしょう？

まず、**だれでもすぐにできるのが「読書」**です。私がお勧めしたいのは、特に小説を読むことです。

小説では、主人公の顔や容姿はもちろん、どういう場所で物語が進んでいるのか、その情景も、文字から想像しなければなりません。ですから頭に映像を浮かべる格好のトレーニングになります。

また、心理描写から登場人物の心情を読み解くのは、空気を読む練習にもなるでしょう。

✔想像力を鍛える最強のトレーニング・ツールは「落語」

もうひとつ、私がお勧めしたいのは、落語を聴くことです。

これまでも何度も登場している落語ですが、特にユーモアの源である想像力を鍛えるツールとしては、最強だと言っても過言ではありません。

というのも、落語は耳で聴いた噺家の言葉を脳の中のスクリーンで映像化させて楽しむ芸能です。**聴いているだけで想像力が鍛えられる**のです。

落語には、人間の弱さや情けなさを笑うユーモアの基本がぎっしり詰まっています。さまざまな噺を聞くうちに、自然とユーモアのセンスが身につくだけでなく、笑いのパターンまで理解できるのですから、これほどこの本の読者のみなさんにお勧めできるものはありません。

と、これだけお勧めしても、どこかで「落語なんて古くさい」と思っておられる方もいるかもしれません。

しかし、あの松本人志さんの笑いのセンスも、じつは小さな頃から聴いていた落語がベースとなっているのです。松本さんは子どもの頃、父親に連れられてよく寄席を観に行っていただけでなく、朝日放送で放送されていた桂枝雀師匠の番組『枝雀寄席』をいつも観ていたといいます。

ビートたけしさんは五代目古今亭志ん生師匠のファンでしたし、自らも立川談志師匠に弟子入りして、立川梅春の高座名をもらっています。また爆笑問題の太田光さんも、談志、円生が好きだと公言していますし、伊集院光さんが落語家だったことはすでにご紹介したとおりです。

現在も第一線で活躍する、お笑い界のスターのベースにあるのが「落語」。ユーモアセンスを磨くために、私たちも大いに学べるものがあるはずです。

POINT

落語は、ユーモアセンスを磨く最強のツール！

03

おもしろい人は、「知識」をたくわえる

✔なぜ、おもしろい人は気の利いた返しが即座にできるのか

どうして即座にこんなにうまい返しができるのだろう。

あなたの周りにいるおもしろい人のリアクションやコメントを見て、そう思ったことはないでしょうか。

頭の回転が違いすぎるのだ、そう感じている方もいるかもしれませんが、気の利いたことが言える人には、もっと別の特徴があります。

それは、**知識の量**です。

「たとえ」や「たとえツッコミ」のところでも書きましたが、**「笑い」とは距離があるものが結びつくこと**、つまり**「異質な材料の新しい組み合わせ」**です。

たとえば、前にもご紹介したくりぃむしちゅー上田さんの「無茶ばかり言うなよ、かぐや姫か！」と即座にくり出す「たとえツッコミ」。

これは「わがままな女性」が時空やフィクションの壁を超えて、「かぐや姫」と結びつくことで、新しい笑いがつくられています。

この場合は、「目の前に現れた新鮮な材料（無理難題を言う女性）」と「自分の頭の中にストックされた在庫の材料（「かぐや姫って無理難題を押しつけているな」といった印象）」とが結びついたわけです。

基本的に、ユーモアとはアドリブです。

ですから、**目の前に現れた材料を、いかに自分の中にあるストックと即座に結びつけることができるかどうかが勝負**なのです。

日頃から、頭の中のストックを増やしましょう。

そうすることで、さまざまな状況で話のネタをつくれるだけの、材料を増やしていけるのです。

✔「今」にフォーカスして情報を集める

さらに大事なのは、「幅広い知識＝情報」にアンテナを張っておくことではないでしょうか。

そう言われると、膨大な情報がある中で、どこから手をつけていいか迷ってしまうかもしれませんが、とりあえず、**「今」にフォーカスしていろんな情報を集める**ことから始めてみましょう。

今、流行っているもの。今、話題となっている社会現象や国際問題。今、あなたが気になっていること……。

それらを、これまでよりもちょっとだけ深掘りしてみるのです。

たとえば、「今、話題となっている社会現象」であれば、「そもそもなぜこんな現象が起きているのか」などを調べてみるのです。

調べるのはウィキペディア程度で十分。それだけでも続けていけば、あなたには幅広い見識が養われていきます。

そうして少しずつ蓄積された材料が、いつしか他の異質な材料と結びついて笑いを生み出すのです。

POINT

「知識量」が
おもしろさの材料になる！

04

おもしろい人は、「客観力」を鍛えている

✔メタ認知がユーモアを鍛える

作家で数学者の藤原正彦氏は、その著書『遥かなるケンブリッジ』(新潮社)の中で、ユーモアについて「多種多様な形があり、定義しにくい」としたうえで、こう書いています。


ユーモアの複雑多岐な形を貫いて、一つ共通することは、

「いったん自らを状況の外へ置く」

という姿勢である。

「対象にのめりこまず距離を置く」

という余裕がユーモアの源である。


つまり自分自身や自分が置かれた状況を、余裕をもって「客観視」することが、ユーモアなのです。

このように自分を客観視することを心理学では「メタ認知」といいます。

メタ認知能力が低い人は、自分が他人からどう見られているかを把握できないので、「空気を読む」ことも苦手としています。

つまりメタ認知ができないとユーモアは生まれないのです。

脳科学者の茂木健一郎さんによれば、この**「メタ認知」を鍛えれば、ユーモアのセンスだけでなく、対人関係の改善や恋愛など、あらゆるコミュニケーション能力が向上する**といいます。

そんな便利な能力、ぜひ鍛えていきたいものです。

✔ メタ認知の能力を鍛えるコツ

ではどうすれば、メタ認知の能力を鍛えることができるのでしょうか。

そのヒント、じつはすでにこの本の中で紹介しています。それは、**「自虐ネタ」**

を考えることです。

自虐ネタは、自分自身を客観的に見ることで生まれます。ですから、メタ認知能力を鍛えるにはもってこい。

できるだけ**自分を第三者の目で観察しながら、笑えるところを探してみる**。たったこれだけでいいのです。ぜひ試してみてください。

茂木健一郎さんによれば、「自虐ネタ」で自分の欠点を笑いに変えられる人は、自分自身や問題を客観的に俯瞰して見ることができるといいます。

そのため、指導力や包容力が高く、問題解決能力にも優れていることが科学的にも証明されているそうです。

自虐ネタを得意とするソフトバンクの孫正義さんは、まさにその典型ですね。

また「たとえ」を考えるのもメタ認知能力を鍛える方法のひとつ。

「たとえ」では「たとえる対象」をいったん「一般化＝抽象化」してから「たとえたもの」に落とし込む思考の動きが求められます。

この「抽象化」することこそ、ひとつ上の視点から考えること＝メタ思考なのです。

普段から、身近なさまざまなものを抽象化して、ほかのジャンルに落とし込んで、おもしろいたとえを考えることを習慣にしてみてください。

おもしろいたとえのストックも増えるし、さらにメタ認知能力が鍛えられ、ユーモアセンスも高まる。まさに一石二鳥ですね。

POINT

メタ認知はユーモアセンスの特効薬！

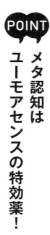

おわりに

お笑いの世界でもっとも野暮なこと。

それは「この笑いのどこがおもしろいかと言うと……」と、解説することです。

この本で私はまさしく、その野暮なことを書いてきました。

それは、「自分にはユーモアのセンスがない」、「人を笑わせることなんてできない」と思い込んでいる人に、笑いとはセンスではなく、ちょっとしたコツをつかめば、だれでも人を笑顔にすることができることをわかっていただくためです。

緊張の緩和。この原理を、ぜひとも応用してみてください。

続けていくうちに、必ず相手のリアクションが変わってくるはずです。やがてあなたの発するちょっとしたひと言で、周囲に笑顔の輪が広がるようになります。

コミュニケーションにはさまざまな形がありますが、もっとも楽しいのは互いに笑い合えること。ユーモアは、コミュニケーションでの最強の武器なのです。

ぜひあなたも笑いを生むシンプルな公式を身につけて、最強の武器を手にしてください。きっとあなたの人生は大きく変わるはずです。

最後になりましたが、私に、笑いとはなにか、その基本をお教えくださった六代目三遊亭円楽師匠に改めてお礼を申し上げます。師匠のもとでの修業がなかったとしたら今の私はありませんでした。

また円楽師匠のもとで修業を共にして、今回、この本に推薦の言葉をくださった伊集院光さんにもお礼を申し上げます。

そして拙著『企画は、ひと言。』に続き、編集を担当してくださった日本能率協会マネジメントセンターの柏原里美さん、今回もいろいろありがとうございました。

最後の最後にこの本を手にとってくださった、すべての方にお礼を申し上げて執筆を終えたいと思います。ほんとうにありがとうございました!

２０１６年12月吉日　石田章洋

プロフィール

石田　章洋（いしだ・あきひろ）

1963年、岡山県生まれ。放送作家。日本脚本家連盟員・日本放送協会会員。

テレビ朝日アスク放送作家教室講師、市川森一・藤本義一記念東京作家大学講師。

日本大学在学中に六代目三遊亭円楽（当時は楽太郎）に弟子入り。落語家になるも数年後、放送作家に転身。

その後、30年にわたり各キー局のバラエティ番組・情報番組・クイズ番組・報道番組など、あらゆるジャンルのテレビ番組の企画・構成を担当。最近の主な担当番組は「世界ふしぎ発見！（TBS）」、「TVチャンピオン（テレビ東京）」、「情報プレゼンター・とくダネ！（フジテレビ）」、「BSフジLIVEプライムニュース」など。

構成を手がけた「世界ふしぎ発見！～エディ・タウンゼント　青コーナーの履歴書」が第45回コロンバス国際フィルム＆ビデオ・フェスティバルで優秀作品賞を受賞するなど番組の企画・構成に関して高い評価を受けている。

主な著書に『企画は、ひと言。』（日本能率協会マネジメントセンター）、『スルーされない技術』（かんき出版）、『ビジネスエリートは、なぜ落語を聴くのか？』（日本能率協会マネジメントセンター）、『インクルージョン思考』（大和書房）、『一瞬で心をつかむ文章術』（明日香出版社）など。


(参考文献、資料)

・『らくごDE枝雀』桂枝雀著、ちくま文庫
・『人はなぜ笑うのか』清水彰・角辻豊・中村真著、講談社ブルーバックス
・『笑う脳』茂木健一郎著、アスキー新書
・『一瞬でＹＥＳを引き出す　心理戦略。』メンタリストDaigo著、ダイヤモンド社
・『オノマトペがあるから日本語は楽しい』小野正弘著、平凡社新書
・『日本の笑いと世界のユーモア』大島希巳江著、世界思想社
・『遥かなるケンブリッジ』藤原正彦著、新潮文庫
・雑誌「PRESIDENT」2011年11月3日号、プレジデント社
・Webサイト　「世界は数字で出来ている」
http://numbers2007.blog123.fc2.com/blog-entry-5874.html
・Webサイト　「本当にあった!?笑える話」
http://tfcc-planet.main.jp/8/kaisya3.html

初対面でも話がはずむ
おもしろい伝え方の公式

2016年12月30日　　初版第1刷発行

著　　者——石田 章洋 ©2016 Akihiro Ishida
発 行 者——長谷川 隆
発 行 所——日本能率協会マネジメントセンター
〒103-6009　東京都中央区日本橋2-7-1　東京日本橋タワー
TEL　03(6362)4339(編集)／03(6362)4558(販売)
FAX　03(3272)8128(編集)／03(3272)8127(販売)
http://www.jmam.co.jp/

装　　丁——小口 翔平＋山之口 正和（tobufune）
本文デザイン——新田 由起子（ムーブ）
イラスト——寺崎 愛
本文DTP——株式会社明昌堂
印 刷 所——三松堂株式会社
製 本 所——星野製本株式会社

ISBN 978-4-8207-1956-4 C2034
落丁・乱丁はおとりかえします。
PRINTED IN JAPAN